DE]

Relato del origen, privilegios, acciones heroicas y fin de la Orden del Temple.

Grandes Maestres y regla de los caballeros templarios.

Por

D. V. Joaquín Bastús

— 1834 —

Copyright © 2016 / FV Éditions

Todos Los Derechos Reservados

Advertencia

La Historia de la Orden de los Templarios es poco conocida y generalmente deseada. Son muchos a quienes hemos oído preguntar en qué época se fundó, y qué circunstancias motivaron su estrepitosa caída y extinción. Unos creen que todos los individuos de esta antiquísima y primera Orden de caballería fueron criminales, y como tales degollados o quemados vivos sin distinción alguna, mientras otros suponen que ninguno fue delincuente ni castigado de una manera ejemplar, como generalmente se refiere. Con el objeto pues de conciliar estos dos extremos tan opuestos y fijar en lo posible la verdadera opinión pública, damos a luz una sucinta noticia histórica del origen e institución de los Templarios, de las formalidades que observaban en la recepción y profesión de los caballeros, del traje, armas y distintivo que usaron, indicando la época en que vinieron a la Península, haciendo una reseña de las brillantes acciones a que en ella dieron cabo, y refiriendo las causas que se cree motivaron la caída de la Orden, junto con los trámites y pormenores que se observaron en las causas que se les formaron en los varios reinos de la cristiandad. Para hacerlo de un modo imparcial y con la veracidad que corresponde, sólo referimos lo que varones respetables por su carácter, saber y virtudes religiosas escribieron, y cuyas obras hemos consultado con la mayor detención.

Sin poder evitar que nuestro corazón naturalmente sensible se conduela alguna vez al recordar el terrible y horroroso suplicio en que más de cinco siglos hace acabaron desgraciadamente sus días algunos caballeros y su último gran Maestre, no por esto diremos que fuesen inocentes ni culpables; decidirnos en un asunto en que tantos sabios están discordes, seria una falta que no nos perdonaríamos nunca. Cada uno, en vista de la sencilla e ingenua exposición de los hechos, formará aquel juicio que le pareciere mas arreglado.

ORIGEN, PRINCIPIOS
E INSTITUCIÓN DE LA ORDEN

Entre los muchos caballeros que llenos de un santo celo acompañaron a los príncipes cristianos a la primera Cruzada que pasó al Oriente en los últimos años del siglo XI para rescatar los santos lugares de la Palestina, merecen una particular mención Hugo de Paganis de la ilustre casa de los condes de Champaña, y Godofre de S. Omer, o según otros de S. Aumer, primeros fundadores de la Orden del Temple. Estos dos caballeros, con otros cuatro llamados, según se cree, Gaufredo o Gofredo Bisoi, Rotario, Archimbaudo de Sant-Ameno, y Pagano de Monte Desiderio, en unión con tres compañeros más, todos caballeros franceses, cuyos nombres se ignoran, impulsados de una acendrada devoción, se juntaron en Jerusalén por los años de 1118 y se consagraron al servicio divino. Su primera e interina institución fue, según opinan algunos autores, a manera de canónigos regulares, siguiendo en algún modo la regla de San Agustín, y como tales hicieron en manos de Gormondo, patriarca entonces de Jerusalén, los tres votos ordinarios de obediencia, pobreza y castidad.

Balduino II, rey de aquella ciudad santa, viendo el celo de estos nueve siervos del Señor, dioles de limosna una casa inmediata al templo de Salomón, en donde poder vivir reunidos y ejercer parte de las piadosas obligaciones que se habían propuesto observar; pues como dice Zapater en su Cister militante "todos juntos, reverentes a Dios y a su casa santa, determinaron servirle y defender su Cruz con oraciones en el monasterio y espada invencible en el campo". De la inmediación de su primera vivienda o monasterio al templo de Jerusalén tomaron, según creen la mayor parte de los historiadores, el nombre de templarios o caballeros de la milicia del Templo. Bossuet dice que fueron instituidos bajo el título de "pobres caballeros de la Santa Ciudad". Llamóseles también soldados de Cristo, milicia del Templo de Salomón, milicia de Salomón, y hermanos del Templo o del Temple.

Como estos nueve compañeros no vivían sino de limosna, el rey, que en cierto modo se constituyó su protector, los prelados y los grandes de aquella nueva corte cristiana les fueron socorriendo, haciéndoles merced unos y otros de ciertos beneficios y rentas para que con ellas pudiesen subsistir, algunos de cuyos donativos fueron temporales y otros perpetuos.

El objeto de su primitivo instituto fue tener desembarazados los caminos que conducían a Jerusalén, con el piadoso objeto de que los peregrinos que iban en romería a visitar los santos lugares de la Palestina no fuesen molestados por los infieles, ladrones y otros malvados que infestaban aquellos caminos.

Los nueve compañeros siguieron solos y sin recibir otros en su compañía hasta nueve años después de su primera asociación. Estando aún estos hombres piadosos en hábito seglar, o llevando sólo uno blanco interino, según se deduce de lo que después se dispuso por el cap. XXI de sus estatutos, y careciendo aún de regla determinada que seguir, acudieron en el año de 1127 solicitándola de Estevan, patriarca que era a la sazón de Jerusalén, cuyo prelado elevó su petición al papa Honorio II. Su Santidad, con el fin de obrar en esta materia con toda madurez, remitió la súplica al concilio Tresense o de Troies en Francia, que entonces se estaba celebrando. Éste era presidido por Mateo, obispo albanense como a cardenal legado pontificio, y a más asistieron a él Reinaldo, arzobispo de Reims, Henrique, arzobispo de Sens, y sus sufraganeos, el de Paris, el de Troies, el de Orleans y otros obispos y abades, con algunos seglares de mucha distinción. Entre los abades estaba San Bernardo, que lo era de Claraval, y Estevan del Cister. Halláronse también presentes en él, Hugo de Paganis y los otros cinco templarios nombrados, los cuales pidieron nuevamente al concilio lo que habían solicitado antes del Patriarca de Jerusalén; y los padres de él aprobaron el instituto a impulsos de San Bernardo en el mismo año de 1127, según la opinión mas recibida.

Hay fundados motivos para pensar que el concilio encomendó la formación de la regla a S. Bernardo, tío o pariente que se cree era de Hugo de Paganis, quien la dividió en LXXII capítulos, como puede verse mas adelante; y al presentarla a la santa asamblea pronunció un discurso encomiando aquel nuevo género de milicia desconocido en los siglos anteriores, en la cual se juntaban los dos combates, uno contra los enemigos corporales, y otro contra los espirituales. "No es una cosa rara, dijo el mismo San Bernardo, ver guerreros valerosos, y el mundo está lleno también de monjes; pero es admirable la alianza de estas dos profesiones al parecer tan opuestas entre sí. Para entrar con ánimo en la pelea, es una gran cosa estar seguro de ganar la victoria o el martirio". A continuación hizo una animada descripción de la santidad de vida de los primeros templarios, santidad que mas adelante desgraciadamente perdieron algunos de sus sucesores.

Luego que Hugo de Paganis hubo recibido en el concilio los estatutos para su Orden, de la que fue primer gran maestre, restituyose con sus compañeros a Jerusalén para dar principio a aquella santa institución. El ejemplo de estos religiosos excitó el celo de muchos otros guerreros cristianos, los cuales abrazaron tan piadoso instituto, y esta milicia religiosa apareció muy luego de su creación cubierta de honor y gloria en los campos de batalla.

DE LA RECEPCIÓN
DE LOS CABALLEROS TEMPLARIOS

Para la recepción de los caballeros se observaban formalidades particulares. El cap. LVIII de la regla prevenía que cuando algún caballero, queriendo huir o renunciar el mundo, desease entrar en la milicia del Templo, no fuese admitido en seguida, sino que, siguiendo el consejo de San Pablo, se probase antes si el espíritu era de Dios. Justificado éste, se accedía en cierta manera a su petición y se le leía la regla, y entonces era cuando el maestre y los demás hermanos determinaban si habían de recibirle o no en la Orden. Admitido ya, y cumplido el término de las demás pruebas preparatorias, se señalaba día para su solemne recepción. Para ésta se reunía todo el capítulo, y la ceremonia solía celebrarse durante la noche en una iglesia de la Orden. El aspirante, sin capa y sin espada y con la sola túnica, esperaba a la parte de afuera con su padrino; y el gran maestre o gran prior que presidía el capítulo diputaba por tres veces consecutivas dos caballeros templarios profesos a preguntar al postulante de parte del gran maestre; en la primera quién era y qué se le ofrecía, y en las otras dos si era verdad que quería ser admitido en la milicia del Templo. Después de sus tres respuestas afirmativas, era introducido con ciertas ceremonias en la iglesia. Arrodillado entonces en medio del respetable capítulo y a los pies del gran maestre pedía por tres veces "*el pan y el agua y la sociedad de la Orden*". El jefe le decía en seguida: "*Caballero, vais a contraer grandes obligaciones; tendréis que sufrir muchos y dilatados trabajos, y habréis de exponeros a peligros eminentes. Será preciso velar cuando quisierais dormir; soportar la fatiga cuando desearíais descansar; sufrir la sed y el hambre en ocasiones que ansiaríais comer y beber; pasar a un país cuando os placiera quedar en otro".*

Después de esta corta alocución el mismo superior le hacía estas preguntas: "*¿Sois caballero? ¿estáis sano de cuerpo? ¿habéis contraído esponsales? ¿sois casado? ¿habéis pertenecido ya a otra orden? ¿tenéis acaso deudas que no podáis satisfacer por vos mismo o por medio de vuestros amigos?*" Cuando el aspirante había respondido de una manera satisfactoria, pronunciaba los tres votos de pobreza, castidad y obediencia en manos del gran maestre, consagrándose al mismo tiempo a la defensa de la tierra santa. Recibía en seguida el manto de la Orden con la cruz y la espada, y los caballeros que habían asistido a la ceremonia le daban el abrazo o *acolade* y el ósculo de fraternidad, con cuyas ceremonias quedaba recibido templario.

El cap. LXII de su misma regla prohibía recibir en ella muchachos pequeños hasta que estuvieran en edad de poder echar varonilmente a los enemigos de Cristo de la tierra santa, y a fin de evitar que después, siendo ya hombres hechos, faltasen a lo que sin la reflexión suficiente prometieron.

La fórmula particular de la profesión de los caballeros era la siguiente, según se cree lo dejó prevenido San Bernardo y se hallaba manuscrita en la abadía de Claraval.

"Yo N. caballero de la orden del Templo prometo a N. S. Jesucristo y a su romano Pontífice N. y sucesores que legítimamente entraren, perpetua obediencia y fidelidad para siempre. Y a más prometo sujeción, castidad y obediencia a Vos el R. N. maestre de la orden del Templo y sucesores, según los estatutos de los monjes del Cister, delante de Dios y de sus Santos, cuyas reliquias se conservan en este lugar que se llama N. de la Orden de los templarios. Así Dios me ayude y estos Santos Evangelios".

DEL GRAN MAESTRE Y OTRAS DIGNIDADES DE LA ORDEN

Las principales dignidades de ella eran la del gran maestre, llamado de ultramar porque su residencia ordinaria fue en Jerusalén mientras estuvo en poder de los cristianos, la del maestre provincial que había en cada uno de los reinos católicos, en los cuales se fueron estableciendo los templarios, la de los preceptores o grandes priores, la de los visitadores y la de los comendadores. El gran maestre de ultramar, jefe supremo y universal de la Orden, cuya autoridad para con sus súbditos llegó a ser casi ilimitada, era considerado como príncipe soberano entre los monarcas y reyes, y llevaba en la mano como distintivo de su alta dignidad el *abacus* o sea el bastón de mando que se ve en pinturas antiguas de estos caballeros. El extremo superior de este bastón era un pomo blanco, sobre el cual se veía la cruz de la orden en medio de un círculo u orla. La nueva profesión o juramento que prestaban los gran maestres y otras dignidades de la orden al ser promovidos a ellas, puede deducirse de la fórmula que ha llegado a nuestros tiempos, y que proferían los maestres de Portugal.

"Yo N. caballero de la orden del Templo, electo Maestre de los caballeros de Portugal; prometo a mi Señor Jesucristo y a su vicario el romano Pontífice N. y sucesores que en esta dignidad canónicamente entraren, perpetua obediencia y fe que determino guardar para siempre; y juro defender con palabras, armas, fuerzas y vida los misterios de la fe; el Símbolo de los Apóstoles, como el de San Atanasio; los libros del Viejo y Nuevo testamento con las exposiciones de los Santos Padres recibidas por la Iglesia; la unidad de la esencia y pluralidad de personas en la Trinidad Divina; la perpetua virginidad antes del parto, en el parto y después del parto de la Virgen María, hija de Joaquín y Santa Ana, de la tribu de Judá y de la generación del rey David. Ítem. Prometo sujeción al Maestre general de la Orden y obediencia según los estatutos de N. P. San Bernardo; ir a las guerras ultramarinas todas las veces que la necesidad lo pidiere, y dar todo favor contra los príncipes infieles; de nunca estar sin armas y caballo; de no huir a tres infieles enemigos aunque me acometan solo; de no vender ni enajenar bienes de la Orden, ni consentir a otro que los enajene o venda; de guardar castidad perpetuamente; de ser fiel a los reyes de Portugal y no entregar a sus enemigos las ciudades y fortalezas de esta Orden; de no negar socorro a las personas religiosas con palabras, buenas obras y armas etc. En fe y testimonio de lo cual, de mi voluntad propia juro guardar todo esto. Así Dios me ayude y estos santos evangelios".

DEL HABITO, DE LA CRUZ Y DE CIERTAS OBLIGACIONES DE LOS CABALLEROS, FÁMULOS Y ARMÍGEROS DE LA ORDEN

El hábito de los caballeros templarios era una túnica de lana blanca semejante a la de los antiguos cistercienses, según se ve por el cap. XX y siguientes de la regla; y más adelante por los años de 1146 el Papa Eugenio III aprobó que llevaran una cruz de paño rojo sobre sus capas blancas y también en sus estandartes.

Acerca la forma de la cruz de los templarios son varias las opiniones de los autores. Unos dicen que en un principio no llevaron cruz, y que la primera que usaron fue una patriarcal de grana, es decir, con dos travesaños, cosida en las capa sobre el hombro izquierdo; otros que era una cruz octágona, lo que tal vez provendría de haber confundido los templarios con los hospitalarios u orden de San Juan de Jerusalén o Malta, orden militar fundada por aquellos tiempos en la santa Ciudad, los cuales la llevaban verdaderamente octágona y blanca sobre el manto negro. Pero de todos modos, nosotros, respetando las opiniones expuestas, creemos con el señor Campomanes y muchos otros autores, que la cruz usada por los templarios, a lo menos en nuestra España, fue una cruz roja sencilla de paño de igual forma que la representada en la lámina, la que generalmente llevaron los cruzados; y acaba de obligarnos a pensar así, el verla de la misma manera figurada en algunos de los escudos de armas de los templarios que hemos examinado, y se conservan en edificios que les pertenecieron.

Acerca el color del hábito, suscitáronse en un principio terribles riñas y disputas entre los templarios y los caballeros teutónicos, otra orden militar fundada en Jerusalén después de aquella, y de los hospitalarios. Los teutónicos dieron en usar vestiduras blancas, de lo que se quejaron los templarios, y consiguieron de Inocencio III que prohibiese dicho uso a los teutónicos; pero no habiéndose esto verificado, el Patriarca de Jerusalén cortó la disputa, disponiendo que los templarios pusiesen sobre sus capas una cruz de paño encarnada, y los teutónicos la llevasen negra.

Los templarios y sus fámulos llevaban el pelo corto, lo mismo que las melenas y la barba, según resulta de los cap. XXVIII y XXIX de su regla.

Usaban camisa y calzoncillos que no debían quitarse ni para dormir. Ningún caballero podía tener más que tres caballos, a no ser con permiso especial del gran maestre, y un sólo armígero o criado para cuidar de sus armas. No podían usar pectorales, espuelas, frenos, estribos, ni cosa alguna de oro o plata, a no ser que les fuesen dadas de caridad. Tampoco les era permitido usar rostrillos ni lazos.

Sólo podían comer carne tres días a la semana, guardando abstinencia los lunes, miércoles y sábados. Solían comer de dos en dos en una mesa, aunque reunidos muchos en una misma pieza.

Cada templario dormía solo en su cama, que se componía de jergón, sábana y cobertor, no pudiendo faltar nunca luz en el dormitorio o pieza en que dormían los hermanos.

Les era privado tener llave en las maletas cuando se hallaban reunidos. Sin permiso del gran maestre no podían escribir ni recibir cartas. Debían tener obediencia perpetua al gran maestre o al que hacia sus veces, ejecutando sus mandatos sin tardanza y como si Dios lo mandara. No podían andar nunca solos, ni de noche. Les estaba privado cazar con ave.

Por el cap. LI de su regla era lícito a todos los caballeros profesos poseer tierras, casas, hombres y labradores, pudiendo gobernarlos por sí mismos; y por el LXVI se les permitía tener diezmos.

Los fámulos o sirvientes de los templarios debían usar vestidos negros o del color mas oscuro que fuese posible hallar en el país donde estuviesen, para distinguirse de los caballeros, como resulta del cap. XXI de sus estatutos.

En la misma religión podía haber hermanos y caballeros casados, cuyos bienes podía heredar la orden; pero a estos no les era permitido vivir en la misma casa con los que guardaban castidad.

DE LOS CAPELLANES O SACERDOTES DE LA ORDEN

Como los templarios, a la manera de las demás órdenes militares, en un principio eran todos o la mayor parte legos, se veían precisados a tomar por un tiempo fijo o por toda la vida para el servicio, vigilancia y cuidado de sus iglesias y para practicar todas las ceremonias religiosas de su instituto, los sacerdotes o capellanes necesarios, los cuales conservaban su traje propio, y no eran considerados como individuos de ellas. Los cap. III y IV de la regla tratan de sus obligaciones y recompensas. Los templarios asistían con los hospitalarios, otra orden que como hemos dicho se creó por aquel tiempo en Jerusalén, a todas las funciones a que como monjes podían asistir, en las cuales salía la cruz del Salvador, yendo como más antiguos a la derecha de estos.

DEL ESTANDARTE
Y SELLO DE LA ORDEN

El estandarte de los templarios era una especie de pendón cuadrilongo dividido de arriba a bajo en dos colores blanco y negro, igual a la lámina, al que dieron varios nombres. Los más comunes fueron los de *balza, baucan, beuceant* o *bien parecida*. El color blanco suponen quería indicar la caridad y blandura con que habían de portarse con los cristianos, y el negro el furor y rabia con que tenían que pelear contra los infieles y enemigos de la cruz. En medio de su estandarte, había según algunos autores, una cruz igual a la que llevaban en sus capas; y también añaden otros, que se leían en él las palabras del Salmo CXIII: *Non nobis Domine, non nobis, sed nómini tuo da gloriam.*

Los principios de esta Orden fueron tan pobres y humildes, según hemos visto, que algunas veces dos caballeros tenían que montar a la vez en un solo caballo al acompañar los peregrinos que conducían y escoltaban, desde Tolemaida u otro puerto en que desembarcaban, hasta Jerusalén; y de aquí tomaron por sello o distintivo de la Orden, dos caballeros puestos en un solo caballo en señal de humildad y de su primitiva pobreza, con esta leyenda: *Sigillum militum Christi*: sello de los soldados de Cristo.

DEL MODO DE PELEAR
O DE ENTRAR EN BATALLA

Cuando iban de facción o a acometer al enemigo, llevaban delante la *balza* o estandarte de la Orden. Seguían los caballeros formados de dos en dos, o según convenía, en traje de campaña, armados con sus lanzas y espadas, sin ruido ni algazara, y esperando impávidos e inmóviles al enemigo, cuando así lo disponía el jefe o gran maestre. Si era preciso atacar, eran de los primeros en acometer y lanzarse sobre el enemigo, y los últimos a retirarse, dejando siempre en el campo de batalla pruebas indudables de su valor. Pocos momentos antes de entrar en acción, el gran maestre o los comendadores mandaban tocar las bocinas y atabales de la Orden, y reunidos entonces todos en comunidad entonaban con la mayor devoción aquellas humildes palabras del profeta David: *non nobis Domine, non nobis, sed nomini tuo da gloriam*: no a nosotros Señor, no a nosotros, sino a tu nombre da toda la gloria.

Solían acometer al enemigo buscando las alas del ejército contrario, o aquel flanco que consideraban más a propósito, sin atreverse jamás a retirar, a no ser que así lo mandase el jefe, derrotando enteramente al enemigo o muriendo todos en la pelea. Si por acaso alguno de ellos no se portaba con toda la valentía que era de esperar, se le imponía por su comendador o gran maestre un riguroso y ejemplar castigo. Quitábanle ignominiosamente la capa con la cruz, principal distintivo de los caballeros; otras veces le expulsaban de la Orden, o a lo menos le echaban de la comunidad, obligándole a comer en tierra sin servilleta, por espacio de un año o más, según consideraba necesario el gran maestre.

SANTIDAD DE VIDA
DE LOS PRIMEROS TEMPLARIOS

La práctica de estas virtudes y sus heroicas acciones les merecieron los mayores elogios de personas célebres en santidad y saber.

"¡O milicia santa, escribía San Bernardo a los primeros caballeros del Temple, confusión y vergüenza de los demás soldados y gente de guerra! Donde siendo todos valerosos se vive bajo una obediencia humilde, guardando como verdaderos religiosos castidad y pobreza. Donde en ningún tiempo se halla la ociosidad; antes por no comer el pan de balde, cuando no hay ocupación en la guerra, se divierten en limpiar, pulir, aderezar y acicalar las armas, reparando unas y renovando otras, para estar prontos y dispuestos a cumplir lo que mande el maestre o prelado. Aquí no hay excepción de personas, porque el más valido es el más esforzado y valeroso. Ni menos se hallan entre estos caballeros insolencias, bravatas, desgarros, lisonjas, murmuraciones, descomposiciones y palabras vanas. Menosprecian todo género de juegos, dados, músicas, danzas, pasatiempos y fiestas, y aborrecen hasta la caza de ave de rapiña por clamorosa y menos religiosa. En el campo acometen a sus enemigos como leones bravos a las flacas ovejas, confiando más en la virtud divina que en el valor de sus brazos; y así se muestran en casa mansos corderos, y en la campaña fieros leones, unas veces como monjes humildes y compuestos, otras como soldados esforzados y valientes. No se puede decir más de la vida y costumbres de estos caballeros, sino que es de Dios su obra y admirable a nuestros ojos. Escogió estos fuertes soldados, y congregolos de los últimos confines de la tierra, para que al modo que los fuertes de Israel cercaban y guardaban el lecho de Salomón con las espadas ceñidas, así ellos guarden el santo Sepulcro con su presencia y le defiendan de las manos de los bárbaros e infieles"

S. Pedro de Cluni, que asistió como hemos dicho al concilio de Troies cuando fue aprobada la Orden, escribió una epístola muy particular con esta inscripción:

"Al muy venerado y amado mío Don Ebrardo maestre del Templo de Dios que está en Jerusalén, Fr. Pedro humilde abad de Cluni, salud y dilección en cuanto le es dable".

En seguida principia la carta con las expresiones de benevolencia que les profesaba, y entre otras cláusulas se lee la siguiente.

"¿Quién de los que tienen esperanza de la salud eterna no se alegrará? ¿quién no se llena de gozo en su Dios y Señor de la salud? De que la milicia del Rey eterno ejército del Dios de las alturas, para aniquilar los enemigos de la cruz, salió congregada de diversas partes del orbe, como si fuese de los celestiales alcázares a nuevas batallas"

y concluye el Santo su escrito con estas palabras:

"En lo uno os apropiasteis todo lo que es propio de los santos monjes y ermitaños; y en lo otro excedisteis el intento o instituto de todos los religiosos".

El venerable Fr. Humberto de Ramanis, quinto general de la orden de predicadores, varón de singular virtud y letras, escribió un sermón *Ad Templarios*, en el cual entre otros elogios se leen los siguientes:

"Esta Orden fue confirmada para pelear contra los sarracenos, y por la experiencia y grande fruto que se ha tenido de esta máxima religión y triunfos de los sarracenos, por esta causa a devoción de todo el orbe han sido exaltados contra ellos y llamados milicia del Templo, porque al principio habitaron junto al Templo. Y por cuanto entre todos los fieles que hay en la iglesia de Dios, a ellos especial y particularmente se les atribuye el nombre de milicia, conveniente será hacer peculiar mención de la milicia, etc."

Gaufridio, prior vosiense, hace los mismos o semejantes elogios de los templarios en su *Crónica*, y dice: que esta Orden y la de los hospitalarios fueron creadas no sólo con el fin de la santa Cruzada, sino también con el de restituir a su antigua observancia la disciplina regular que tanto había decaído por aquellos tiempos.

DISTINCIONES, GRACIAS Y PRERROGATIVAS CONCEDIDAS A LOS TEMPLARIOS, Y ÉPOCA EN QUE VINIERON A LA PENÍNSULA

Entre las numerosas prerrogativas que disfrutaban los templarios, una de ellas era el permiso de poder comunicar y celebrar una vez al año en las iglesias en que hubiese entredicho eclesiástico, prerrogativa concedida por el canon XIII del Concilio de Londres del año 1200. Los templarios fueron asimismo exentos de pagar diezmos, lo mismo que los hospitalarios, por un privilegio concedido por el papa Adriano IV en 1156, ratificado en 1170 o cerca de él por el papa Alejandro III, y dirigido al Arzobispo de Tarragona, ampliando el de su antecesor, cuya primera concesión se cree fue hecha a favor de los templarios de Cataluña y Aragón.

Los comendadores y caballeros de esta religión gozaron del privilegio estatuido contra los percursores de personas eclesiásticas, por serlo en realidad los templarios que profesaban verdadera vida religiosa con los tres votos comunes, cuya observancia se colige del canon XLIX de las Constituciones conciliares de varios sínodos tarraconenses.

A más resulta que los caballeros de está milicia gozaban mil otros fueros y distinciones concedidas por algunos sumos pontífices y reyes, en particular por don Jaime, rey de Aragón llamado el Conquistador, el cual, con fecha 5 de las calendas de noviembre (27 de octubre) de 1236, mandó que ningún soldado pudiese ser alojado por fuerza en los monasterios, iglesias y casas del Templo y otros cualesquier lugares religiosos de su dominio, aunque fuesen rurales o granjerías suyas.

Desde el momento en que Hugo de Paganis hubo fundado la Orden, propagose rápidamente esta milicia naciente por todas las naciones de la cristiandad, con el santo fin de sostener la Cruzada, perseguir a los infieles y conservar los santos lugares de la Palestina. Como nuestra España, siempre católica, necesitaba más que otra alguna el auxilio del poderoso y fuerte brazo de los templarios para contener las continuas irrupciones de los moros que infestaban nuestro suelo, por lo mismo fue de las primeras que tuvieron en sus dominios algunas casas de estos religiosos militares.

Aunque de fijo no se sabe el año en que se establecieron en la Península, resulta que a muy pocos de su institución en Jerusalén tenían ya bienes raíces en Portugal, cuyo sacro convento estaba en la villa de Thomar, y cuasi en el mismo tiempo los había también en los reinos de Castilla, León, Aragón y Navarra. Se cree que sus primeros conventos o castillos estuvieron inmediatos a las fronteras de los reinos o provincias ocupadas por los sarracenos, por ser su principal instituto hacer la guerra a los infieles, propagando la religión de Jesucristo.

El P. Mariana en su *Historia de España* hablando de la introducción de los templarios en España dice lo siguiente:

"Por este tiempo, en el año 1118, con mutua sociedad los caballeros templarios y hospitalarios de un acuerdo, se dedicaban en Jerusalén con todo esfuerzo en aumento de la religión cristiana, por lo que a persuasión de San Bernardo, principal fundador del Cister, se entregó por el rey de Aragón don Alonso, que se llamó emperador de España, a los caballeros templarios la nueva ciudad de Monreal con un convento que en ella fundó, habiéndoseles señalado además rentas y la quinta parte de los despojos que en la guerra de los moros se cogiesen, para que con su producto sostuviesen los gastos de la sagrada milicia, y pudiesen defender los confines del reino de Aragón. Guillermo, obispo de Aux, para emprender esta guerra, y ayudar el fin de esta nueva milicia con los demás prelados aragoneses, instaban los ánimos de los naturales al mismo intento. Este fue el principio de las riquezas de los caballeros en España, que habiendo crecido en gran número, se cree que después fueron para éstos causa de su ruina".

Sin embargo es preciso convenir, como dice Campomanes, que Mariana cometió una equivocación en suponer este hecho en el año de 1118, pues en esta época malamente podían los templarios haber venido a España si hasta el año de 1127 no se aprobaron sus estatutos, y hasta después de verificado esto no admitieron en su compañía más que los nueve primeros compañeros. Al parecer, este hecho debe suponerse en el año de 1129, como indica Garibay, o al de 1132, como supone Zurita en sus *Anales de Aragón*. Desde esta época en adelante hallamos hechas muchas donaciones y mercedes a los caballeros templarios por cuasi todos los príncipes que sucesivamente reinaron en las varias provincias o reinos en que se hallaba dividida entonces la Península. Entre estas donaciones es memorable la de don Alonso I, rey de Aragón y Navarra, llamado el Batallador. Hallándose este príncipe, en el mes de octubre del año de 1169 de la era Española, que corresponde al de 1131 de Jesucristo, sitiando a Bayona, y viéndose sin hijos, otorgó testamento, por el cual dejaba con una generosidad desusada, todos sus reinos a los caballeros del Temple después de su muerte.

La cláusula del testamento está concebida en estos términos:

"Yo don Alonso Sánchez, rey de los aragoneses, de los pamploneses y de los rivagorzanos... Dejo por heredero y sucesor mío, al Sepulcro del Señor que está en Jerusalén y a los que velan en su custodia y sirven allí a Dios, y al hospital de los pobres de Jerusalén, y al Templo de Salomón, con los caballeros que allí velan por la defensa de la cristiandad. A estos tres dejo mi reino y el señorío que tengo en toda la tierra de mi reino, y el principado y jurisdicción que me toca sobre todos los hombres de mi tierra, así clérigos, como legos, obispos, abades, canónigos, monjes, grandes, caballeros, labradores, mercaderes, hombres, mujeres, pequeños y grandes, ricos y pobres, judíos y sarracenos, con las mismas leyes y costumbres que mi padre y mi hermano y yo los hemos tenido agora y los debemos tener y regir. Añado también a la caballería del Templo, el caballo de mi persona con todas mis armas. Y si Dios me diere a Tortosa, toda enteramente sea del hospital de Jerusalén."

Una disposición tan extraña no tuvo efecto alguno, y no pudiéndose convenir los aragoneses y los navarros en cuanto a la elección del nuevo Soberano, eligieron por rey, los navarros a don García Ramírez, y los aragoneses a Ramiro el Monje, hermano de don Alonso.

Sin embargo, verificada la muerte de este Monarca, acaecida en 17 de febrero de 1134 en la desgraciada batalla de Fraga, y sabedores los caballeros del Temple, los del Santo Sepulcro y los del Hospital u hospitalarios, de la disposición del Rey don Alonso, comisionaron de común acuerdo a Ramón de Podio, 2° maestre que era del Hospital, el que vino a Aragón, según se colige por los años de 1140, para arreglar dicha manda. Pero viendo éste las grandes guerras que se suscitaron para disputar los legítimos derechos de aquel reino, determinó renunciar en 16 de setiembre de 1140 la parte que a su orden pertenecía a favor de don Ramón Berenguer, conde de Barcelona y príncipe de Aragón, que se había apoderado de aquellos estados con motivo de haber fallecido don Ramiro; pero con la cláusula expresa de que muriendo sin hijos había de ser válida la donación hecha por don Alonso a los caballeros hospitalarios. Estipulose al mismo tiempo que en el entre tanto el maestre y convento de San Juan de Jerusalén en Zaragoza, se retendría a Huesca, Barbastro, Daroca y Calatayud, y en las demás poblaciones que se ganaren a los moros un vasallo de cada ley y secta con sus casas y heredades, con los servicios que pertenecían al rey, quedando obligados a ir a la guerra contra moros. Igual cesión hicieron los del Santo Sepulcro y con las mismas condiciones en 21 de agosto de 1141 firmada en la ciudad de Jerusalén. Por lo que hace a los templarios sólo sabemos, como dice Zurita, que el príncipe don Ramón fue muy apasionado a la milicia del Temple, el cual, a instancias de su padre el conde don Ramón Berenguer, quien poco antes de morir hizo formal profesión en esta Orden en 14 de julio de 1130, en cuyo acto donó a los caballeros el fuerte castillo de Cariñena, procuró acrecentar esta religión en sus reinos por cuantos medios estuvieron a su alcance, dotándola generosamente con el santo fin de que le ayudasen a extirpar la secta mahometana y trabajasen en el ensalzamiento de la santa religión, habiendo últimamente terminado este príncipe sus días bajo el hábito y regla de una Orden que tan apreciada le era.

Para mejor conseguirlo pidió a Roberto, entonces gran maestre de los templarios, que le enviase de Ultramar diez caballeros de los más ancianos y calificados para que residiesen en sus estados y siguiesen propagando una religión de la cual se prometía grandes servicios. Dioles al pronto, para su nuevo o formal establecimiento en el reino de Aragón, el castillo y villa de Monzón, y el castillo de Mongai, con los castillos y villas de Barbara, Pera, Xaula, Remolins y Corbins, con sus términos y cuantos derechos tenia dicho príncipe sobre ellos, todo lo cual podían trasmitir a sus sucesores en la Orden. Cedioles también otras rentas sobre Zaragoza y Huesca, la décima parte de cuanto aumentasen sus rentas, y la quinta de todo lo que se conquistase. Los declaró además francos y exentos de toda especie de tributos o censo, prometiendo con voto solemne que jamás ni en ningún tiempo haría paz con los moros, sino con anuencia y consentimiento de los caballeros templarios, todo lo cual se otorgó a 27 de noviembre del año de 1143 del nacimiento del Señor en las cortes, que en esta época se celebraron en Gerona. En ellas asistieron el rey, Guido cardenal legado apostólico, varios prelados, muchos ricos hombres, etc., y a más los caballeros templarios Fr. Everardo, Fr. Ostan de S. Ordonio, Fr. Hugo de Borray, Fr. Pedro de Atincho y Fr. Bernardo de Reguinol, en manos de los cuales juró el rey cumplir lo prometido.

Parece pues que hasta esta época no puede en rigor considerarse como justamente establecidos en España los caballeros templarios, pues en ella se les señaló rentas y bienes propios para subsistir, de que carecieron los individuos de esta Orden que antes de aquella fecha existían sin duda en nuestra Península.

Los templarios entraron con poca diferencia o fundaron por el mismo tiempo, es decir por los años de 1140 o 43, en Francia, Italia, y sucesivamente en Alemania, Hungría, Inglaterra y otros países católicos.

DE LOS SERVICIOS Y HEROICAS ACCIONES QUE EJECUTARON O EN LAS QUE TOMARON PARTE LOS TEMPLARIOS

A más del aprecio que se granjearon estos caballeros de San Bernardo, considerado en cierta manera como su fundador, de San Pedro de Cluni, contemporáneo de San Bernardo y de otros varones piadosos, respetables como hemos dicho por sus virtudes cristianas, gozaron por todas las provincias católicas de la más alta consideración por sus brillantes y heroicos servicios militares a favor de la religión de Jesucristo, y contra los infieles. Sin embargo de que la Palestina fue el teatro glorioso de sus expediciones guerreras, y en donde hicieron conocer a los enemigos de la cruz el poder de su fuerte y valeroso brazo, no fueron menores ni de menos cuantía los servicios que los templarios prestaron en España, habiendo contribuido, en unión con las otras órdenes militares de aquellos tiempos, a la conquista de la mayor parte de las plazas y reinos ocupados por los moros.

Sin ninguna dificultad puede asegurarse que desde su establecimiento en España hasta su extinción, se hallaron en casi todas cuantas batallas se dieron a los moros y conquistas se hicieron; pero en las que particularmente tomaron una parte activa y se distinguieron fue en las conquistas de Alga, Martin, Alambra, Caspe y otros muchos pueblos del reino de Aragón, de los cuales se apoderaron los españoles por los años de 1160 en el reinado de don Alfonso II llamado el Casto. No se distinguieron menos los templarios en el de don Pedro II, ayudándole su gran maestre Fr. don Pedro de Monteagudo con sus caballeros a la conquista de los fuertes castillos de Adamur, Castelfabil y Sortella, situados en las fronteras de Valencia.

En el año de 1176 acompañaron los templarios al rey don Alonso VIII en la difícil conquista de la ciudad de Cuenca, en Castilla la Nueva. Auxiliaron al mismo soberano y a los reyes don Sancho VIII de Navarra y don Pedro II de Aragón en la célebre batalla de las Navas de Tolosa, dada en el año de 1211, en la cual les mandaba su maestre don Fr. Gómez Ramírez, que poco después murió gloriosamente.

En 1229, cuando don Jaime de Aragón hubo resuelto emprender la conquista de las islas Baleares, dispuso que por los obispos de Barcelona y Gerona y por don Fr. Bernardo de Champans, comendador de Miravete y teniente de maestre de los templarios en dicho reino, se hiciera la división y repartimiento de la conquista. En ella se distinguieron particularmente los templarios, los cuales, como dicen casi todos los historiadores, asistieron con gran número de caballos y gentes de guerra mantenidas a expensas de la orden. En recompensa de estos servicios, el rey don Jaime les remuneró generosamente, como que en el año de 1282 tenían dichos caballeros comendador en Mallorca y casas particulares o conventos en Palma, su capital, que todavía se conservan. El primer comendador de la isla fue, según se cree, don Fr. Ramón de Sera. Este caballero acabó de apaciguar toda la isla, reduciendo algunos moros que se habían sublevado a la obediencia del rey don Jaime. Más adelante, el mismo monarca encargó a este comendador que pasase con otros caballeros a la conquista de la isla de Menorca, cuya expedición desempeñó a entera y completa satisfacción del soberano.

Después que el rey de Aragón hubo terminado la conquista de Mallorca y demás islas Baleares, resolvió volver sus armas contra Zaen, rey moro que reinaba en Valencia. La primera plaza que se tomó fue la de Morella, en el año de 1232, y en seguida determinó que para mayo del año siguiente se hallase reunido en Teruel el maestre de los templarios con sus tropas para proseguir la conquista. En esta campaña dieron estos caballeros pruebas indudables de su valor, capitaneados por su maestre Fr. don Ramón Patott, que lo era de Provenza, Aragón y Cataluña. Entre otras plazas a cuya conquista ayudaron poderosamente, fue en la toma del castillo y villa de Burriana; empresa larga, y que a poco más costó la vida al rey don Jaime. Para recompensar los servicios que en aquella empresa le habían hecho los caballeros del Temple hízoles donación de una parte de ella, y en seguida los mismos templarios pasaron a sitiar y se apoderaron de Chivert.

En los años de 1235 el gran maestre del Temple en Aragón, que lo era Hugo de Monlauro, apoderose con sus caballeros del castillo de Moneada, punto importante para la toma de Valencia. Prosiguiose en 1237 con mas empeño la campaña después de tomado y fortificado el castillo llamado del Puch de Santa María, confiando el rey don Jaime su delicada defensa a los caballeros templarios y demás órdenes militares.

En el año inmediato de 1238 salió el rey del castillo del Puch y con Hugo de Focalquer y un comendador con veinte caballeros templarios, de cuya orden era gran maestre entonces Fr. don Ramón Berenguer, se dirigió en unión con otros caballeros a poner sitio a la ciudad de Valencia. La conquista o toma de esta ciudad se verificó el día 28 de setiembre de 1238, víspera de San Miguel; y en su toma hubo de particular que en la misma torre en la cual se enarboló el pendón o estandarte real, se convirtió luego en casa de la religión del Templo, cuyo palacio y plaza conserva el mismo nombre.

El aprecio que hacía de los caballeros templarios el rey don Jaime de Aragón era tal, que según refiere Zurita, en el año de 1248 dispuso que el hijo que le naciera después de los cuatro que tenia, si fuese varón, entrase en la orden y caballería del Temple.

Distinguiéronse igualmente y con mucha particularidad los caballeros templarios en el sitio e interesante toma de la ciudad de Sevilla, auxiliando al santo rey don Fernando III, quien se apoderó de ella en 23 de noviembre del año de 1248.

En el de 1266, capitaneados los templarios de Aragón por su lugarteniente de maestre don Pedro de Queralt, ayudaron mucho a la rendición de Murcia, que se había rebelado a don Alonso el Sabio, rey de Castilla, y en premio les concedió este soberano el dominio de Frexenal y sus aldeas, en cuya donación entró también Jerez de los caballeros. No fueron de menos importancia los servicios que los templarios de Castilla hicieron en las fronteras de Granada defendiendo a Andalucía.

Honorífica fue también la comisión que desempeñó el maestre del Temple en Cataluña, Fr. don Antonio de Castellnou, en 1272, cuando con su hermano y el obispo de Barcelona fueron enviados por el rey don Jaime a requerir al Rey de Francia para que pusiera en libertad al conde de Foix. El mismo maestre del Temple asistió también, como otro de los prelados, al concilio que Gregorio X convocó en León de Francia para la reunión de la iglesia griega a la latina.

Su sucesor en el maestrazgo del Temple en Aragón y Cataluña, Fr. don Pedro de Moneada, dio pruebas de su valor, y se distinguió particularmente en el reino de Valencia contra los moros rebeldes, y en otros muchos lances de importancia. Parece que este mismo Maestre fue el que en el reinado de don Alonso III de Aragón, por los años de 1290, sustentaba uno de los bandos en que se hallaba dividida la nobleza catalana con los caballeros y vasallos de la Orden, habiendo abrazado el partido de don Guillen y de don Pedro de Moneada, señor de Aytona, contra don Berenguer de Entenza y su hijo.

A más de las acciones referidas, asistieron en otras no menos brillantes, tanto en España como en Portugal, y en todas acreditaron el alto concepto que justamente se habían adquirido de valientes y esforzados defensores de la religión de Jesucristo.

CAUSAS QUE SE CREE MOTIVARON EL DECAIMIENTO DE LA ORDEN DE LOS TEMPLARIOS

Después de haber admirado las brillantes proezas de esta milicia religiosa, después de haber visto las varias distinciones y prerrogativas con que fueron recompensados sus servicios, y cuando ya casi no podían prometerse ni aspirar a más, sorprende ver su estrepitosa caída y extinción. Parece increíble, como dice uno de nuestros sabios escritores eclesiásticos, que unos espíritus católicos y en quienes estaba depositada la flor y nata de la nobleza de Europa, hubiesen sido capaces de incurrir en excesos que aun el nombrarlos ofende los piadosos oídos.

El aprecio y estimación que se granjearon estos campeones por las célebres y señaladas victorias que consiguieron en todas partes sobre los enemigos de la cruz, contribuyeron poderosamente para que se propagaran por toda la cristiandad, y esto les proporcionó bienes inmensos que la devoción y el santo celo de los fieles les ofrecían a porfía. En tanto fue esto así, como que Mateo de París dice que a los ciento y pocos años de su institución llegaron a contar ya tres mil caballeros, casi infinitos freiles que llamaban sirvientes, y hasta nueve mil casas o conventos, viéndose colmados de bienes, de riquezas y de honores. Estos y aquellos fueron sin duda, siguiendo la opinión general de los historiadores, los que enervaron su caridad primitiva, y amortiguaron el santo celo de sus fundadores, desde cuyo instante, desapareciendo de entre ellos el espíritu que había formado aquella piadosa institución, fueron precipitándose de cima en cima hasta la más profunda en que sucumbieron. Sin embargo, hay algunos autores que sin negar absolutamente la relajación y extravíos de estos caballeros, atribuyendo también su perdición a sus inmensas riquezas, suponen por otra parte que contribuyó poderosamente a ella el deseo inmoderado que tuvo de apoderarse de ellas Felipe IV de Francia llamado el Hermoso, cuyo Monarca no puede seguramente enumerarse entre los devotos de los templarios.

PRIMERAS ACUSACIONES Y PROCEDIMIENTOS CONTRA LOS TEMPLARIOS

Son muchos los pareceres de los historiadores acerca el modo como principiaron los procedimientos que se practicaron contra los templarios. Los más de ellos sin embargo, refieren el hecho con poca diferencia, como Gerardo Castel.

"Sucedió, dice este historiador, que dos caballeros templarios, Monfocon, prior de Montfalcon en la provincia de Tolosa, y Nofe Dei florentin, huyeron de las cárceles en que habían sido puestos de orden del gran maestre y condenados a muerte, los cuales descubrieron a Felipe el Hermoso, rey de Francia, delitos horrendos y comunes a toda la Orden, tales que ni oídos los oyeron, ojos los vieron, ni en corazón de hombre se pusieron. Este príncipe los manifestó al Papa Clemente V, estando juntos en la ciudad de Poitiers, el que por bula expedida en 13 de agosto de 1306 declaró al mismo rey Felipe la inquisición que iba a mandar hacer sobre el caso".

La bula referida, que Castel supone expedida en 13 de agosto de 1306, no lo fue hasta el día 24 del mismo mes y año, y estaba concebida en estos términos.

"Ciertamente creemos, dice S. S. a Felipe el Hermoso, que no habrás olvidado lo que en León y Poitiers, lleno de celo y de devoción, nos hiciste saber del hecho de los templarios, así por tu propia persona como por los tuyos y por el prior del monasterio nuevo de Poitiers; y aunque apenas por entonces pudimos aplicar el ánimo a creer lo que se decía, pareciéndonos increíble e imposible, sin embargo, porque desde entonces vimos muchas cosas increíbles e inauditas, nos es preciso reflexionar, y, aunque no sin amargura, inquietud y turbación del corazón, hacer en lo expresado con acuerdo de nuestros hermanos, lo que el orden y razón dictaren. Mas por cuanto el maestre de la caballería del Temple y muchos comendadores de tu reino y otros de la misma orden, habiendo llegado a entender el peligro en que se hallaba su opinión, así para con nosotros como para contigo y otros señores temporales, nos pidieron con mucha instancia, no una sino muchas veces, que sobre los cargos que falsamente se les imputaba, según dijeron, nos sirviésemos de averiguar la verdad, y absolverles si se hallaban, como aseguraron, sin culpa, y condenarles en caso que, si bien no lo esperaban de modo alguno, se encontrase contra ellos. Nos, porque en un negocio de fe nada se deje por hacer, y por cuanto lo que sobre estas cosas nos has manifestado muchas veces, lo contemplamos de no pequeña entidad, atendida la instancia de dicho Maestre y templarios; por lo mismo pensamos, en el inmediato día viernes, entrar en la ciudad de Poitiers a principiar, con acuerdo de nuestros hermanos, el examen de una diligente inquisición, y proceder con el mismo acuerdo en el negocio a lo demás que sea conveniente, y noticiándote lo que por ahora hemos determinado, y ofreciendo hacer lo mismo a tu magnificencia en lo que en adelante en este asunto obraremos. Y exhortamos en el Señor a tu serenidad que plena e íntegramente, desde el principio procures manifestarnos tu dictamen en lo sobredicho, y la sumaria que sobre ella recibiste, y todo lo demás que en el asunto pareciere a tu advertencia convenirnos por medio de tus cartas o nuncios, etc. ".

Sin embargo de lo que Su Santidad prometía por esta decretal al rey de Francia, pareciéndole a éste que el Papa obraba con demasiada lentitud, y quejoso en cierta manera de que no hubiese tomado en seguida una providencia enérgica y terminante contra los templarios, en 14 de setiembre del año de 1307 dirigió órdenes secretas a Reinaldo, Señor del Pinquon, a Juan de Varenis y al Bailio de Amiens para que inmediatamente pusiesen presos, sin distinción de personas, a todos los templarios, y que sus bienes, sin excepción ninguna, fuesen aplicados al fisco.

En cumplimiento de esta real disposición, al amanecer o al salir el sol del viernes día 13 de octubre del misma año de 1307, fueron presos y encarcelados todos los templarios que en aquella sazón se hallaban en Francia, incluso el gran maestre de toda la Orden o de ultramar, que se le puso preso en la misma casa o palacio del temple en París. Al mismo tiempo Felipe IV mandó pasar las correspondientes notas a todos los príncipes y gobiernos de Europa, participándoles lo que acababa de ejecutar en Francia, invitándoles con este motivo a hacer lo mismo en sus estados respectivos.

Aunque la opinión general acerca el modo como principió su causa, o se descubrieron sus verdaderos o supuestos delitos, es la referida, no obstante el Abate Fleuri y otros escritores añaden a ella ciertas particularidades. Dicen que habiendo prendido por sus delitos, en un lugar de la diócesis de Tolosa, a un hombre llamado Esquino de Floriano y un hermano suyo, apóstata que era de la religión del temple, estando juntos éstos en la prisión esperando de un día a otro recibir la muerte en castigo de sus delitos, se comunicaron recíprocamente sus faltas, como era costumbre en aquellos tiempos, y entre ellas el templario confesó muchas y gravísimas, las cuales, añadió, se cometían en la Orden a que había pertenecido. Llegó esto a noticia del rey, y habiéndole manifestado la grande utilidad que podía resultar a S. M. de que fuesen ciertas las cosas que decía aquel apóstata de los templarios, le mandó traer a su presencia. En virtud de su declaración se prendieron ya algunos caballeros, se hicieron justificaciones muy secretas y se tomaron otras providencias. Una de ellas fue dirigir una circular a nombre del rey a todas las autoridades de Francia, en la cual se les prevenía que al momento de haber recibido aquella orden, pusiesen sobre las armas todos los vasallos que estuviesen en estado de tomarlas, amenazándoles con pena de la vida si abrían hasta la noche siguiente otro pliego reservado que se les incluía. Llegada esta, es decir, la del 13 al 14 de octubre del año de 1307, pusieron en ejecución la orden del Rey, por la cual se les mandaba prender inmediatamente a todos los templarios. Cumplimentada esta real orden, dispuso S. M. se prosiguiera la averiguación de los delitos de que acusaban a estos caballeros. Parece que se prometió, a los que voluntariamente confesasen los delitos que se les imputaban, la vida y rentas suficientes con que mantenerse el resto de sus días, y a los que los negasen se les aplicaría a muy crueles tormentos. De esto, dicen, resultó que la mayor parte, entre ellos muchos comendadores, y aun se añade el mismo gran maestre, unos por interés, otros por miedo y horror a los tormentos, confesaron los delitos o parte de ellos; si bien que otros se mantuvieron firmes contra las promesas y las amenazas. Aquellos que constantes en el tormento no quisieron confesarlos, fueron quemados vivos, y se añade que murieron sin confesión, usándose tan solo de benignidad y blandura con los que confesaban cuanto querían sus acusadores o jueces, o cosas increíbles, cuya pesquisa remitió posteriormente el rey Felipe el Hermoso a Su Santidad.

CRÍMENES QUE ATRIBUÍAN A LOS TEMPLARIOS Y OTROS PROCEDIMIENTOS QUE SE PRACTICARON CONTRA ELLOS

Los delitos de que eran acusados y sobre los cuales se procedía, se leen en algunos autores y en particular en el Directorio que en el mismo año se remitió por el Papa a todos los R. R. obispos de la cristiandad, con la bula que principia: *Faciens misericordiam cum servo suo*, dada en Poitiers a 10 de agosto en el tercer año del pontificado de Clemente V, que corresponde al de 1308. En ella manifestaba el Papa los mismos delitos que voluntariamente habían confesado los principales jefes y caballeros de la Orden, a saber, el gran maestre de ultramar y de toda la Orden, que entonces lo era Jacobo de Molay, y según otros de Nolay, los comendadores mayores de Francia, Aquitania y Poitiers, junto con otros muchos templarios de distinción. Todos estos fueron examinados por tres cardenales legados de la Santa Sede, pues aunque su Santidad deseaba hacerlo por sí, no pudo verificarlo con motivo de que las enfermedades de algunos de ellos no les permitió ponerse en camino para pasar a Aviñón, entonces corte pontifical. En presencia de los referidos legados y de cuatro escribanos públicos confesaron gravísimos delitos, y pidieron con muchas lágrimas y señales de verdadero dolor y arrepentimiento la absolución de ellos, que les fue concedida.

Mientras tanto pasaba esto en Francia, dispuso S. S. que en los demás reinos cristianos se procediese también a una detenida y formal averiguación contra los templarios de aquellos países, como en efecto se ejecutó, reuniéndose para esto algunos concilios. A fin de que estos pudiesen proceder con mas tino y uniformidad, envió S. S. a cada uno de ellos un interrogatorio que constaba de VI artículos, en los cuales se les hacía los cargos de los principales delitos de que se les acusaba y que se creían comunes a toda la Orden; y para el examen particular de cada templario se remitió al propio tiempo otro interrogatorio separado que constaba de XIV artículos.

Los cargos principales que les hicieron fueron: que los novicios al entrar templarios blasfemaran a Dios, a Cristo a la Virgen María y a los Santos. Que escupían sobre la cruz e imagen de Jesucristo y la pisaban con los pies, afirmando que Cristo había sido falso profeta, y que no había padecido o sido crucificado por la redención del género humano. Que adoraban con culto de latría una cabeza blanca que parecía casi humana, que no había sido de santo alguno, adornada con cabellos negros y encrespados, y con adornos de oro cerca el cuello, y que delante de ella rezaban ciertas oraciones y la ceñían con unos cíngulos, con los cuales ceñían luego su cuerpo como si fueran saludables. Acusaban a los templarios promovidos a las sagradas órdenes, que omitían en la misa las palabras de la consagración. Que los caballeros usaban torpe y nefandamente de los novicios, cometiendo entre sí mil sucias abominaciones. Que bajo juramento prometían no revelar a nadie lo que ejecutaban al alba o al primer crepúsculo de ella, cuyo último cargo cree el cardenal

Petra era el más considerable contra los templarios, suponiendo que era muy enorme lo que entonces practicaban.

Sobre estos delitos se fundaba el interrogatorio que de orden de S. S. se remitió a todos los jueces que habían de entender en las causas que se formaron a los templarios, añadiendo a más las siguientes preguntas. Si creían que el maestre de la Orden, que no tenia órdenes sagradas, podía absolver a sus súbditos de sus culpas y pecados por medio del sacramento de la penitencia, y si ejecutaba esto. Si opinaban que aquellas cosas que estaban ocultas en sus estatutos eran injuriosas a la ortodoxa romana iglesia, e incluían crímenes y errores. Si al entrar en la Orden habían jurado solicitar la extensión de ella aun más de lo que fuese lícito, e inducido a que jurasen esto a otros. Si habían adorado con adoración divina un gato, ídolo o simulacro semejante en las grandes asambleas de los freiles, o esperado de él riquezas y abundantes frutos de la tierra, etc. etc.

CONCILIOS QUE SE JUNTARON PARA ENTENDER EN LAS CAUSAS DE LOS TEMPLARIOS, Y PROVIDENCIAS QUE SE TOMARON EN ELLOS

En cumplimiento de la soberana disposición de Clemente V, se juntaron algunos concilios en varios puntos de la cristiandad, de los cuales daremos una noticia sucinta, como y también de las providencias que en cada uno de ellos se tomaron a favor o contra los templarios.

En Inglaterra

En Inglaterra se procedió también a la prisión de todos los templarios en el año de 1308, y en 25 de noviembre del año inmediato, el arzobispo metropolitano de Cantorberrí convocó un concilio en la iglesia de San Pablo de Londres, al cual asistieron los sufragáneos de su provincia para tratar de los asuntos de dichos caballeros. El resultado o providencias tomadas por esta santa reunión se ignora, por no haber llegado a nosotros las actas del concilio, así es que unos autores infieren, como el P. Natal Alejandro, que fueron reos de los delitos que se les imputaban, mientras que otros se inclinan a creer que no resultó contra ellos más que una sospecha general, por la cual fueron penitenciados a una reclusión perpetua en determinados monasterios, en los cuales, añaden, vivieron después santamente. Algunos historiadores hacen diferencia entre los templarios de York y los de Londres, suponiendo que los de la primera ciudad negaron constantemente los delitos que se les imputaban, al paso que algunos de la segunda se consideraron reos en cierta manera. Pero de todos modos resulta siempre que nada se justificó legalmente contra los templarios de Inglaterra, y que no hubo más que una presunción o sospecha contra ellos, por la cual se les impuso la referida penitencia.

En Alemania

Acerca los templarios de Alemania sabemos que en el concilio provincial convocado en el año de 1310 en Maguncia por el arzobispo de esta ciudad se trató entre otras cosas de la causa de estos caballeros. Estando los padres reunidos en él, se presentó repentinamente en el salón de las sesiones Hugo, conde de Silvestris y del Rin, jefe o gran maestre que era de los templarios de aquel país, que vivía en Grumbach, cerca de Mesehein, acompasado de veinte caballeros, todos con el hábito de la Orden y enteramente armados. El arzobispo, temiendo algún mal resultado, invitó al comendador o maestre a que tomara asiento, y que si tenia algo que exponer lo hiciera francamente al concilio y delante de todos. Entonces, tomando la palabra, Hugo dijo con el mayor desenfado:

"Que él y sus compañeros habían llegado a entender que aquel Sínodo se había congregado, por disposición del Papa, principalmente para destruir su Orden, imputando a sus individuos crímenes enormes e inauditos, cosa que a la verdad les era perjuicialísimo y aun intolerable, especialmente siendo condenados sin ser oídos ni convencidos; por lo que delante de aquella congregación apelaban y se agraviaban al futuro pontífice y a su universal clero, protestando públicamente que aquellos que por semejantes delitos habían sido en otras partes condenados al fuego y quemados vivos, constantemente habían negado y sufrido la muerte en la confesión. Añadiendo que su inocencia había sido comprobada por singular milagro y justa disposición de Dios en no permitir que los hábitos blancos ni las cruces rojas de los caballeros fuesen consumidas por el fuego".

En vista de esto, y a fin de evitar mayores desórdenes, admitió su protesta el presidente del concilio, contestándole que tratarían con el Soberano Pontífice a fin de impetrar que pudiesen vivir con sosiego, y en seguida fueron enviados libres a su convento o casa fuerte de Grambach. Después de este incidente el arzobispo tuvo otra comisión, y conforme a ella determinó que debía absolver a los templarios, como en efecto los absolvió por sentencia pronunciada en 1º de julio del año de 1311.

Los bienes de los templarios en estas provincias, que eran cuantiosos, fueron aplicados la mayor parte a los caballeros teutónicos, con los cuales llegaron también después a hacerse poderosos y formidables.

En Italia

La inocencia de los templarios no fue tan manifiesta en Italia. Diose la comisión de examinar la causa de los caballeros de las provincias de Lombardía, Marca Trevisana, Toscana y Dalmacia a Reinaldo, arzobispo de Rávena, junto con otros inquisidores apostólicos. En virtud de ésta se congregó en el palacio arzobispal un concilio provincial, al cual asistieron siete obispos, siete procuradores de otros tantos obispos ausentes y los tres inquisidores contra la herética pravedad de la provincia de Rávena. Reunido el día 17 de junio de 1310 para pronunciar sentencia sobre la causa que se había formado, se mandaron llamar y fueron introducidos en el concilio Ramón Fontana, Jacobo Alberto, Guillermo de Pigazanis y Pedro Cazia, caballeros templarios, a los cuales después de haberles tomado el correspondiente juramento, se les preguntó a tenor de los interrogatorios mencionados, y cada uno de ellos separadamente respondió con prontitud y constancia a todos ellos. Sin embargo, en el momento de haber de pronunciar su sentencia, hubo alguna variedad de opiniones entre los padres del concilio, como se deduce del texto literal de sus actas que trasladamos.

"Reinaldo entonces consultó al concilio acerca lo que opinaba tocante a lo obrado, y si creían que aquel juicio se había formado cuidadosa y legítimamente, en lo que convinieron todos. En seguida preguntó si debían ser puestos en tortura los templarios, y todos los padres respondieron negativamente, a excepción de dos de los tres inquisidores que fueron de contrario parecer. Después de esto preguntó otra vez a los padres del concilio si debía reservarse el juicio al Papa, lo que se denegó por todos, apoyándose en que muy luego iba a celebrarse el concilio general. Últimamente preguntó al concilio si debían ser absueltos todos los caballeros enteramente, o disponer se justificasen de los cargos que se les había formado, cuya última parte fue adoptada por el concilio ".

A pesar de esto, el día siguiente se volvieron a juntar los padres y resolvieron absolver a los inocentes, y que los culpables fuesen castigados conforme a sus delitos en la misma orden del temple, después de haber abjurado su herejía; entendiéndose también por inocentes aquellos que por temor de los tormentos hubiesen confesado algunos crímenes, con tal que después se hubiesen retractado de aquella confesión. En cuanto a sus bienes, dispusieron que se reservasen para los inocentes si estos componían la mayor parte de la Orden.

Por lo que hace a los templarios de Lombardía y Toscana, resulta que anteriormente habían confesado sus delitos ante Fr. Antonio, arzobispo de Pisa, Antonio, obispo de Florencia, Pedro de Judiéis, canónigo de Verona, y los inquisidores de aquellas provincias nombrados por el Sumo Pontífice para esta comisión, quienes dieron principio a ella el lunes 20 de setiembre de 1308, y terminaron su averiguación después de varias sesiones el día 23 de octubre del mismo año. De ella resultó declarar que unos habían sido convencidos, y otros estaban confesos en los crímenes de idolatría, herejía, blasfemia y sodomía, cuyos procesos se remitieron originales al papa Clemente V, ignorándose si el concilio de Rávena volvió a conocer o no de los mismos.

En Francia

La causa de los templarios en Francia fue mas ruidosa que en ningún país de la cristiandad. Desde el año de 1307, como hemos visto, fueron presos todos los individuos de esta Orden, habiéndose procedido, por disposición de Clemente V, al examen de sus delitos en los jefes o personas mas distinguidas de ella por tres cardenales legados, cuyos delitos al parecer confesaron, según resulta de la bula: *Regnans in coelis*, dirigida por su Santidad a todos los príncipes y prelados de la cristiandad para la convocación del concilio general en Viena de Francia. Los concilios provinciales que se tuvieron en este reino para la formación de la causa de los templarios fueron el de la provincia Sennense, reunido en París en 1310, el cual fue presidido por Felipe de Marigni, arzobispo de esta ciudad, hermano de Egerardo de Mariñi, ministro o superintendente de hacienda que era del rey Felipe el Hermoso, y acompañado de sus sufragáneos. En él, después de examinados los hechos de los templarios y cuanto tenia relación con su causa y delitos de que se les acusaba, en 6 de mayo de 1310, se juzgó y determinó que algunos de ellos fuesen expelidos de la orden llanamente; que a otros se les permitiese retirar libres y sin molestia tan luego como acabasen de cumplir la penitencia que se les había impuesto; que otros fuesen mantenidos en rigurosa y estrecha prisión; que otros muchos fuesen emparedados perpetuamente, y últimamente que algunos de ellos, como relapsos en la herejía, fuesen degradados por el obispo, los que hubiesen sido promovidos a las sagradas órdenes, y entregados al brazo seglar.

Hablando el obispo Bernardo Guido de este suceso en la vida de Clemente V, se explica en estos términos:

"A 6 de mayo de 1310, congregados el arzobispo senonense y sus sufragáneos en concilio provincial en Paris, fueron juzgados y sentenciados los templarios, por sus propias confesiones, como impenitentes en su profana y nefanda profesión, y fueron entregados al brazo seglar y quemados públicamente; pero en medio de todo esto hubo una cosa admirable, y fue que todos y cada uno de ellos se retractaron de cuanto habían confesado en juicio, diciendo que solo lo habían hecho por el temor y violencia de los tormentos".

Otros dicen que los caballeros habían verdaderamente confesado los delitos atribuidos a la Orden, y que por lo mismo los jueces no los condenaron a muerte sino a cárcel perpetua. Añaden que la sentencia se publicó en la iglesia mayor de Paris, y que entonces el gran maestre de ultramar, que como hemos dicho lo era Jacobo o Santiago de Molay, y otros caballeros retractaron su confesión asegurando la inocencia de la Orden, sin embargo de que sabían que esta retractación sería castigada con una muerte cruel. Entonces los jueces se tomaron algún tiempo para deliberar y resolver sobre el particular, pero el mismo día el rey Felipe el Hermoso, de su propia autoridad y sin consultar a los jueces eclesiásticos, les hizo quemar vivos, cuya muerte horrorosa, se añade, sufrieron con una serenidad y constancia admirable, y que conmovió a todos los espectadores.

"En la hora de la muerte, exclamaron aligados ya al palo mismo en que iban a ser quemados, no es tiempo de mentir. Juramos pues, por lo mas sagrado que hay, que es falso cuanto se nos ha acriminado. Confesamos igualmente que somos reos de muerte por el falso testimonio que hemos levantado a nuestra Orden por complacer al Rey de Francia y al Papa. Y por grande y horroroso que sea el suplicio que vamos a sufrir, confesamos que nos hemos hecho dignos de él por la debilidad y falta de constancia con que hemos infamado vilmente nuestra Orden y a nuestros cohermanos, y tal vez por este medio se dignará Dios perdonar nuestros pecados".

Cincuenta y nueve caballeros fueron quemados vivos, la flor y nata de toda la nobleza, cerca la abadía de San Antonio de París, todos protestando de su inocencia, y retractando las confesiones que en el tormento se les habían arrancado.

El gran maestre Jacobo de Molay, valeroso y respetable anciano que había sacado de pila a un hijo del Rey, igual en dignidad a los mismos soberanos; Guido comendador de Aquitania, hijo de Roberto II y de Mahalda de Auvernia y hermano del Delfín de Auvernia, y Hugo de Peralda, gran prior de Francia, que, habiendo sido presos cuando los demás templarios, permanecieron largo tiempo en las prisiones mientras se les formaba el proceso, en el cual fueron examinados hasta doscientos treinta y un testigos.

Cuando el gran Maestre, que como casi todos los nobles de aquellos tiempos no sabía leer ni escribir, compareció cargado de cadenas ante los ocho jueces comisionados para que ratificase sus declaraciones, dijo que le habían dejado tan pobre que no tenía para costear siquiera los gastos de la causa, y que por lo mismo pedía le concediesen algunos abogados que le defendiesen; lo que, añaden, le fue negado, diciéndole que bien podía acordarse sin necesidad de ellos de su declaración. Leída ésta de nuevo, fue tanto lo que le sorprendió que, haciéndose la señal de la cruz por dos veces, se quejó amargamente de los jueces que habían firmado el interrogatorio, añadiendo que si fuesen de otra clase les respondería en otros términos, y concluyó diciendo que a lo menos permitiera Dios "les abriesen el vientre cual los tártaros y sarracenos ejecutaban con los embusteros y falsarios".

El historiador francés Vertot dice que por acriminar más al gran Maestre se habían añadido en su declaración varias circunstancias agravantes, y que en vista de todo fueron condenados a morir a fuego lento. Conducidos al cadalso, el verdugo comenzó a preparar la fatal hoguera para atemorizarles, en cuyo crítico y terrible trance, y a la vista y funesta luz de la misma hoguera en que iban a ser quemados, se les volvió á leer toda la causa, sus primeras confesiones y la nueva sentencia en que se moderaba el castigo en una prisión perpetua si confesaban públicamente sus delitos. Pero el gran Maestre, reanimándose de pronto y sacudiendo con fuerza las cadenas que le tenían aprisionado, exclamó con una voz terrible:

"Voy en fin a decir la verdad, ya que tanto tiempo la oculto con mentiras. Dígnate, o mi Dios, de escucharme, y recibir el juramento que aquí hago; sírvame de mérito para cuando comparezca ante tu supremo tribunal. Juro que cuanto acaba de imputarse a los templarios es falso; que siempre esta Orden ha defendido con el mayor celo la religión; que ha sido católica, justa y ortodoxa; que si he caído en la flaqueza de hablar de diferente modo, a instancia de mis jueces y por escapar de los horribles dolores que me hacían sentir en la tortura, ahora me arrepiento de todo. Bien conozco que con esto irrito más y más a mis verdugos, y bien estoy viendo la hoguera que contra mi se prepara, pero me resigno humildemente, y estoy pronto a sufrir cuantos tormentos quieran hacerme probar, bien convencido, Dios mío, de que no hay ninguno que alcance a expiar la ofensa que he hecho a mis hermanos, a la verdad y a la religión".

Como, al mismo tiempo, el hermano del Delfín de Auvernia persistiese también en su retractación, fue atado como el gran Maestre de espaldas a un mismo palo, y se les fue aplicando lentamente el fuego, comenzando por la planta de los pies; y sin embargo de tan crueles tormentos, se mantuvieron constantes en su última confesión, protestando su inocencia. Invocaban sin cesar el dulce nombre de Jesús, y con no visto e inaudito fervor le pedían les diese ánimo y esfuerzo en tan terrible trance; y atemorizado el pueblo con un espectáculo a la vez tan tierno y horroroso, prorrumpió en grandes lágrimas y gemidos, lleno de compasión por aquellos tan desgraciados caballeros, y aun se añade que se arrojó a la hoguera intentando salvarlos, pero que ya habían dejado de existir, y que no, pudiendo otra cosa, se llevaron sus cenizas como preciosas reliquias.

Sufrieron tan terrible suplicio el día 18 de marzo de 1314, en la punta de una isla del Sena, delante de la iglesia catedral de París, en la plaza del Delfín, en el mismo sitio que ahora ocupa la estatua ecuestre de Henrique IV.

Los otros comendadores que no tuvieron bastante ánimo para retractarse de su primera confesión, se les perdonó y fueron tratados con benignidad.

Se añade que el gran Maestre, al poner a Dios por testigo de su inocencia, emplazó al tribunal del mismo Dios al Papa Clemente V dentro de cuarenta días, y al rey dentro del año, vaticinio que afirman se cumplió. Sin embargo muchos creen, y tal vez no sin razón, que este emplazamiento o predicción fue fraguada en tiempos posteriores. Pero lo que sí parece cierto es que ninguno de los principales instigadores de este proceso tuvieron buen fin. El prior de Montefalcon y Nofe Dei, primeros acusadores de los templarios sus cohermanos, murieron el primero desastradamente, y el segundo ahorcado por nuevos delitos.

El ministro de hacienda de Felipe el Hermoso, Engerando de Mariñí, otro de los más encarnizados enemigos de los caballeros del Temple, fue también ahorcado en el año de 1315, día de la Ascensión, antes de amanecer, en una horca que él mismo había hecho levantar en Montefalcon, y el rey murió antes del año, el 29 de noviembre de 1314, de una caída de caballo, estando cazando en los montes de Fontainebleau, y teniendo sólo cuarenta y seis años de edad.

No se sabe, dice Bossuet, hablando de los templarios, si en esto hubo más avaricia y venganza que justicia. San Antonio, Mariana, Vertot, Tritemio, Mexia, Zapater, Campomanes, Feijoó, y en general casi todos los escritores de nota opinan de la misma manera.

El otro concilio que se reunió en Francia para la causa de los templarios fue el de Senlis, en la provincia de Reims, en el mismo año que el de París, en el cual fueron también relajados y entregados al brazo seglar nueve templarios, los cuales perecieron vivos entre las llamas, como los de París.

Otro concilio se celebró en igual tiempo en el arzobispado rotomagense o de Ruan en el cual fueron condenados los templarios de aquella provincia, si bien que ignoramos si alguno de ellos lo fue particularmente. En general resulta, si hemos de dar crédito a la mayor parte de los historiadores franceses, que no hubo apenas un templario en aquella nación que no resultase cómplice o reo de los delitos de que generalmente se les acusaba.

En España y Portugal

En ningún país fue tan manifiesta y justamente comprobada la inocencia de los templarios como en España y Portugal. Su causa y los delitos de que les acusaban fueron ventilados con el tino y madurez que merecía asunto de tanta importancia, en los dos concilios que para esto se convocaron en Salamanca y Tarragona, y en ellos fueron declarados, por sentencia formal, libres e inocentes de cuantos crímenes les imputaban.

En cumplimiento de la encíclica o circular que en 1308 pasó Clemente V a los soberanos y prelados de toda la cristiandad con los interrogatorios y bulas de que se ha hecho mención, los reyes don Fernando IV de Castilla, llamado el Emplazado, y don Dionisio I de Portugal procedieron a la confiscación de los bienes que pertenecían a los templarios de sus reinos respectivos.

Su Santidad, con fecha 31 de julio de 1308, dio comisión especial a los arzobispos de Toledo y Santiago para que, en unión con Aymerico, inquisidor apostólico, junto con otros prelados, procediesen contra los caballeros templarios de la corona de Castilla, de los cuales era superior o maestre provincial don Fr. Rodrigo Ibáñez. Tomada razón de su causa, fueron estos citados, en 15 de abril de 1310, por don Gonzalo, arzobispo de Toledo; y después de formados los procesos correspondientes, se resolvió, en cumplimiento de lo que disponía Su Santidad, convocar un concilio provincial para su determinación.

En el ínterin, el rey don Fernando IV dispuso asegurar las personas de los templarios y secuestrar sus bienes.

No se obró del mismo modo en Portugal, porque si bien el obispo de Lisboa y otros prelados comisionados al efecto procedieron a la averiguación de los cargos que se hacían a los templarios, no creyeron haber motivo bastante para ponerles presos, lo que algunos atribuyen a la piedad o justicia del rey don Dionisio, que bien penetrado de su inocencia interpondría toda su autoridad, y no permitiría fuesen atropellados unos caballeros que tanto se habían distinguido en defensa de sus estados.

Formados los procesos contra los templarios de Castilla y Portugal, se convocó, en el año de 1310, el concilio en la ciudad de Salamanca, en el cual asistieron Rodrigo, arzobispo de Santiago, Juan, obispo de Lisboa, Vasco, que lo era de la Guardia, Gonzalo, de Zamora, Pedro, de Ávila, Alonso, de Ciudad Rodrigo, Domingo, de Plasencia, Rodrigo, de Mondoñedo, Alonso, de Astorga, Juan, de Tuy, y Juan, de Lugo, los cuales, después de haber tomado las confesiones a todos los que se suponían reos, y practicar las demás diligencias conducentes para la averiguación de la verdad, y haber procedido en todo con el tino y madurez propia de los padres de un concilio y del asunto que se trataba, a unanimidad de votos, declararon absolutamente libres a los templarios de los reinos de Castilla, León y Portugal, de todos cuantos cargos se les hacían, reservando no obstante al Papa la final determinación de lo acordado y resuelto por el concilio. En virtud de esta sentencia formal, todos los templarios de los reinos referidos quedaron enteramente libres, como dice Mariana, y jamás se les volvió a incomodar en lo más mínimo sobre este asunto.

La causa de los templarios en Aragón, Cataluña y Valencia fue algo mas ruidosa que en lo restante de España. Habiendo recibido el rey D. Jaime II, hallándose en Valencia, el día 1º de diciembre de 1307, la carta del rey de Francia Felipe el Hermoso, fecha 15 de octubre del mismo año, en la cual le manifestaba, lo mismo que hacía a los demás soberanos de Europa, la prisión que acababa de hacer en su reino de todos los templarios y confiscación de sus bienes, y le exhortaba al mismo tiempo a obrar de la misma manera con los templarios de sus estados, mandó expedir inmediatamente las correspondientes órdenes para prender a todos los caballeros de dicha orden existentes en Aragón y demás dominios de este reino. Al saber los templarios lo que se intentaba contra ellos, temiendo con justa razón algún atentado y tropelía, en vista de lo que estaba pasando a sus cohermanos en Francia por parte del populacho conmovido con lo que se había divulgado contra ellos por el rey Felipe, determinaron hacerse fuertes en los castillos de la Orden. Luego que el rey supo que los templarios en vez de comparecer a su llamamiento se habían encastillado en sus fortalezas, dispuso que se les atacase y que a fuerza de armas se les precisase a obedecer; lo que en efecto se consiguió en 1308, según dice Zurita, después de largas y porfiadas defensas, siendo entonces maestre provincial y lugarteniente en la corona de Aragón Fr. don Bartolomé Belbis Castellan de Monzón.

Rendidos los templarios y puestos en varias prisiones, acudieron al arzobispo que era entonces de Tarragona don Guillen de Rocaberti, suplicándole se sirviera convocar un concilio, en el que se viese y fallase su causa. Defiriose por algún tiempo a su pretensión, hasta que por fin, congregado el concilio de Tarragona, y presidido por el referido arzobispo, con asistencia de Raimundo, obispo de Valencia, Eximio, que lo era de Zaragoza, Martín, de Huesca, Berenguer, de Vich, Francisco, de Tortosa, no habiendo comparecido el de Lérida por indisposición, pero si los procuradores de varios abades, cabildos y otras personas calificadas, en virtud de convocatoria expedida por dicho arzobispo en 10 de agosto de 1312, y estando presentes los templarios de la provincia citados también al efecto, se procedió detenidamente al examen de testigos, y después de haber observado cuantas formalidades están prevenidas en derecho, en 4 de noviembre del mismo año de 1312, se declaró la inocencia de los caballeros templarios.

Había obrado con notable madurez en la averiguación de los delitos atribuidos a los templarios el P. Fr. Juan Lotger, del orden de Predicadores e Inquisidor general diputado especial por la santa Sede para esta causa en los reinos de Aragón, cuyo pesquisidor usó, según dice Zurita, de una exactísima severidad en los procedimientos que formó, no sólo contra los templarios sino también contra sus confidentes y favorecedores. Sin embargo, resultaron todos inocentes, y como tales se les declaró, según se deduce del contenido de las actas del concilio publicadas por el cardenal Aguirre, que dicen así:

"Por lo que, por definitiva sentencia, todos y cada uno de los templarios fueron absueltos de todos los delitos, errores e imposturas de que eran acusados, y se mandó que nadie se atreviera a infamarlos, por cuanto en la averiguación hecha por el concilio fueron hallados libres de toda mala sospecha; cuya sentencia fue leída en la capilla del Corpus Cristi del claustro de la iglesia metropolitana de Tarragona en el día 4 de noviembre de dicho año de 1312, por Arnaldo Cascon, canónico de Barcelona, estando presentes el arzobispo y demás prelados que componían el concilio."

Y a fin de que se vea más claramente si la inocencia de los templarios de la corona de Aragón sería a toda prueba en el concepto de los padres del concilio, bastará continuar otro trozo de las mismas actas, en las cuales se lee: que sin embargo de haber mandado ya el sumo Pontífice en aquella fecha extinguir en todo el orbe y para siempre la orden del Temple, dudó el concilio sin saber qué resolver acerca de los templarios de esta provincia; y que finalmente, después de varias razones que se dedujeron por una y otra parte, y considerando bien el asunto, determinó últimamente que en las diócesis en que dichos caballeros poseían rentas, se las diesen de las que pertenecían a su Orden congrua sustentación y asistencia; que cada uno de ellos estuviese sujeto a la obediencia, corrección y visita del obispo en cuya diócesis residiese; y que viviesen de tal forma que no causasen escándalo; ínterin que por el sumo Pontífice se determinaba lo que se había de hacer de ellos. Todo lo cual, concluyen las actas, se ejecutó en la misma forma que por el santo concilio se había determinado.

EXTINCIÓN SOLEMNE Y UNIVERSAL DE LA ORDEN

Referidos ya con toda exactitud y el laconismo posible los procedimientos que sucesivamente se siguieron en la mayor parte de los pueblos de la cristiandad en las causas que se formaron a los templarios, retrogradaremos al concilio de Viena, en el cual el Papa extinguió enteramente la Orden.

La santidad de Clemente V congregó un concilio, el XV general o ecuménico, para el día 1 de octubre del año de 1310, expidiendo para ello unas letras de convocatoria en Poitiers, a 10 de agosto del año de 1308, en el tercero de su pontificado, las cuales empiezan *Regnans in coelis, etc.* La reunión de dicho concilio que había de tenerse en Viena, ciudad libre entre Francia y Suiza, se prorrogó hasta otro día 1 de octubre del año siguiente de 1311, y fueron invitados a asistir a él personalmente, permitiéndoselo la situación de cada uno, entre otros los reyes don Jaime II de Aragón, don Fernando IV de Castilla y de León, don Jaime rey de Mallorca, don Dionisio de Portugal, Eduardo II de Inglaterra, don Luis Hutin rey de Navarra, hijo que era de Felipe el Hermoso de Francia, y este mismo monarca. No obstante esta invitación, solo se presentaron al concilio los reyes Felipe el Hermoso IV de Francia y su hijo, Eduardo II de Inglaterra, y Jaime II de Aragón. A más asistieron también, como dice el P. Flores, los patriarcas de Alejandría y Antioquia, trescientos obispos y un crecido número de prelados inferiores y oradores de príncipes.

De la Península asistieron los arzobispos de Toledo, Tarragona, Sevilla, Zaragoza, Valencia, Santiago y Lisboa; y los obispos de Cartagena, Palencia, Burgos, Gerona, Salamanca, León, Braga, Oporto, Coimbra y Tuy, junto con los maestres de la orden de caballería de Santiago y el comendador de la orden de Calatrava de la diócesis de Toledo, según resulta de los *Fragmentos* de las actas de dicho concilio de Viena. Reunido éste, se tuvo la primera sesión el día 16 de octubre de 1311, sábado antes de la fiesta de S. Lucas, como dice el obispo Bernardo Guido en la cuarta vida que escribió de Clemente V; y reunidos todos los padres del concilio, el Papa, que se hallaba presente y le presidía, propuso las tres principales causas de su convocación, a saber: la de los templarios, el socorro de la Tierra Santa, y la reforma de las costumbres y disciplina eclesiástica; sin haberse tratado la menor cosa de la causa de Bonifacio VIII, como equivocadamente dijeron algunos autores.

Después de la primera sesión, se tuvieron varias conferencias entre el Papa y los padres del concilio acerca la extinción de la orden de los templarios, y todos en general, a excepción de tres obispos franceses y otro de otra nación, convinieron en que antes de proceder según derecho contra ellos, se les había de dar tiempo para que se defendiesen y fuesen oídos en justicia. Continuáronse las conferencias por tres o cuatro meses seguidos, examinándose los autos de los concilios provinciales que se habían remitido a Viena; pero sin adelantarse nada contra los templarios, pues los padres del concilio convenían en que por grandes y justas que fuesen las causas para la extinción, sería proceder contra el derecho divino y natural condenar a toda la Orden sin oír a sus individuos. En medio de esta incertitud, se presentó Felipe el Hermoso, rey de Francia, principal acusador de los templarios, y a pocos días de su llegada, es decir el 22 de marzo de 1312, miércoles de la semana Santa, se celebró un consistorio secreto, en el cual S. S., en presencia de muchos cardenales y prelados, anuló del todo la Orden, por vía de providencia y no de condenación, reservando a su disposición y al de la iglesia las personas y bienes de la misma Orden, como refiere el mismo Guido, y resulta de la bula de extinción. En ésta, que comienza *Vox in exelso audita. est, lamentationis fletus et luctus*, principia Su Santidad, ponderando con expresiones tomadas de los profetas, el horror y la amargura con que ha visto la profanación más horrenda en una casa del Señor, que ha de acarrear su abandono y ruina total, y prosigue luego:

"Desde nuestra promoción al pontificado, se nos informó secretamente que el gran Maestre y los religiosos de la orden militar del Templo de Jerusalén, y la misma orden que por su celo en defender la fe católica y la Tierra Santa había merecido singulares privilegios y honores de la Sede romana, habían caído en una apostasía detestable contra Jesucristo nuestro señor, en las abominaciones de los idólatras y de los sodomitas, y en otros varios errores. No debían creerse fácilmente tan horrendos crímenes de una Orden aprobada por la Silla apostólica, cuyos individuos solían ser los primeros en exponerse a los mayores peligros y derramar la sangre por la fe; pero el rey de Francia había tomado muchas informaciones sobre estos excesos y los envió a la Sede apostólica, en lo que dice Clemente V no procedía el rey de Francia por avaricia, pues no deseaba apoderarse de los bienes de los templarios de su reino. Mientras tanto que se iban corroborando tan infames voces contra la Orden, continúa el Papa, uno de sus caballeros, de distinguida nobleza y muy acreditado entre sus hermanos, se nos presentó secretamente y con juramento depuso: que él mismo al tiempo de ser admitido en la Orden, a solicitud del que le admitía y en presencia de varios caballeros, negó a Jesucristo, y escupió a la cruz en señal de desprecio, que lo mismo vio practicar a instancia del actual gran Maestre a otro caballero al tiempo de ser admitido en presencia de doscientos o mas individuos de la Orden, y que varias veces había oído que en el ingreso eran comunes estos excesos y otros que el pudor no deja referir. Y desde entonces, añade S. S., los deberes de nuestro ministerio nos obligaron a atender a los clamores contra la Orden de los templarios".

Las acusaciones y cargos que se les hacían por el rey de Francia, por muchísimos nobles y clérigos de aquel reino, y por la voz y fama pública, parecían probados por un gran número de confesiones y declaraciones del mismo gran Maestre, del visitador de Francia y de otros muchos caballeros, recibidas por el inquisidor general de aquel reino y otros varios prelados.

"Pero a pesar de esto, prosigue el Santo Padre, dispuse que compareciesen en mi presencia muchos de los maestres, presbíteros, caballeros y otros religiosos de dicha Orden de singular reputación. Entonces se les manifestó que estaban en lugar seguro, y que nada habían de temer; y haciéndoles prestar el más solemne juramento de que dirían la verdad, fueron examinados hasta setenta y dos en presencia de muchos cardenales".

Al mismo tiempo deseaba el Papa examinar por sí mismo, como hemos dicho ya, al gran Maestre, al visitador y a los principales preceptores de Francia, lo que no pudo verificar por hallarse algunos de ellos indispuestos, y querer Su Santidad excusarles las incomodidades del viaje; pero comisionó, según dijimos, a tres cardenales para que pasasen a interrogarles sobre los delitos atribuidos a la Orden, con facultad de absorberlos en el caso que resultasen culpables y solicitasen la absolución.

"Los cardenales, prosigue Clemente, exigieron de los templarios juramento solemne de que dirían la verdad. Todos confesaron, en presencia de cuatro escribanos y otras personas respetables, que era común la práctica de negar a Cristo y despreciar la cruz al entrar en la Orden, hablando también algunos de horrendas deshonestidades; todos ratificaron las confesiones que habían hecho delante del inquisidor de Francia, abjuraron la herejía con muchas lagrimas, y recibieron arrodillados la absolución. Pero considerando, continua el Papa, que tan detestables crímenes no debían quedar impunes, dimos comisión a los ordinarios y a otras personas para que recibiesen informaciones sobre los delitos de los particulares y sobre lo que resultase contra la Orden, en cuya consecuencia se nos remitieron muchos documentos. En este estado, habiéndose dado principio al concilio de Viena, se nombró una numerosa diputación en que había algunos patriarcas, arzobispos, obispos, abades y otros prelados y procuradores de iglesias de todas lenguas y naciones de la cristiandad para tratar con Nos de tan grave asunto. Tuviéronse varias juntas, viéronse todos los documentos, y, en atención a que varios templarios se ofrecieron a defender la Orden, propusimos que se votase en secreto si debía oírseles, o sin esto podía pasarse adelante. La mayor parte de los cardenales y casi todo el concilio, esto es, casi todos los vocales de la diputación, votaron que, en fuerza de los procesos hechos hasta ahora, no puede la Orden ser condenada por los crímenes de que se les acusa sin grave ofensa de Dios y de la justicia. Algunos opinaron que debía procederse a la sentencia sin dar oídos a los que querían defender la Orden, alegando los graves perjuicios que de esto se seguirían. Pero entre las dos opiniones, continua S. S., hemos creído, después de una muy detenida y madura reflexión, no atendiendo sino a Dios y al bien de la Tierra Santa, que debíamos proceder por vía de provisión y gubernativamente, evitando por este rumbo todo escándalo y peligro, y proveyendo a la seguridad de los bienes destinados al auxilio de la Tierra Santa. Considerando pues que las sospechas, el mal nombre, o las notas de infamia en que ha caído la Orden con las confesiones de sus principales miembros y de otros muchos, la han desacreditado y la hacen odiosa, de modo que ya ninguna persona de probidad y de honor quisiera entrar en ella; que ese descrédito o infamia adquiere mucha fuerza por el modo clandestino con que suelen recibirse los hermanos y por el juramento que muchas veces se exige de no descubrir las ceremonias y las condiciones con que se entra en la Orden, y que el escándalo que de ahí ha nacido y el peligro de la salvación de muchas almas no parece que pueden evitarse subsistiendo la Orden; considerando también los abominables excesos de muchos de sus individuos y otras causas muy graves que justamente pueden y deben mover nuestro ánimo; viendo que la mayor parte de los cardenales y de los diputados del concilio, o más de las cuatro y cinco partes de ellos, tienen por cierto que para la gloria de Dios, conservación de la fe y bien de la Tierra Santa será más oportuno y más decoroso que la Sede apostólica suprima la Orden por vía de ordenación y provisión, que no siguiendo los trámites y dilaciones de un juicio formal; considerando, en fin, que varias veces la iglesia romana hizo cesar otras órdenes religiosas sin culpa de los hermanos por causas incomparablemente menores; no sin amargura y dolor de nuestro corazón, ni por definitiva sentencia, sino por provisión y ordenación apostólica, suprimimos con aprobación del sagrado concilio, y prohibimos para siempre la mencionada Orden del Temple y su estado, hábito y nombre; mandado que nadie se atreva adelante a entrar en ella, ni a llevar su hábito, ni a portarse como templario, todo bajo pena de excomunión que se incurrirá por el mismo hecho.

Tanto las personas como los bienes de la Orden quedan a la disposición y ordenación de nuestra Sede apostólica, sobre lo cual proveeremos con el auxilio de la Divina gracia antes de concluirse el presente concilio, para gloria de Dios, exaltación de la fe católica y prosperidad de la Tierra Santa. Y prohibimos, con el mayor rigor, que nadie de cualquier estado y condición que sea se meta con las personas y bienes expresados; ni se haga novedad alguna en este particular, desde ahora nulo cuanto sobre ello se atentare. Bien que no derogamos con esto los procesos que se hayan hecho o se hagan por los concilios provinciales y por los obispos diocesanos acerca de los individuos de la Orden, según de antemano dispusimos, etc."

Y concluye la Bula con las cláusulas regulares *Nulli ergo etc. Siquis autem etc.* con esta fecha: *Datum Viencae XI Kalendas aprilis pontificatus nostri anno septimo*" que corresponde al día 22 de marzo del año 1312 de la era vulgar.

En cumplimiento de lo que ofreció S. S. en la bula de extinción de los templarios que acabamos de extractar, publicó otras dos, una que trata de las personas o individuos que fueron de la Orden, y la otra de los cuantiosos bienes que poseía. En la primera, que empieza *Considerantes dudum*, después de haber resumido el Papa los motivos que le habían obligado antes a suprimir la orden de los templarios, añade

"y queriendo ahora proveer lo conveniente a las personas o individuos que fueron de la Orden, los dejamos a la disposición de los concilios provinciales, conforme antes habíamos dispuesto, a excepción del gran Maestre de la Orden, del visitador de Francia, de los grandes preceptores de la Tierra Santa, Normandía, Aquitania, provincia de Poitiers y Provenza, a los cuales tenemos de antemano reservados a nuestro juicio y también a Fr. Oliverio de Pena, cuyo examen igualmente nos reservamos ahora. Y queremos que los concilios procedan según exija la condición de cada uno. A los que han sido o en adelante sean absueltos por sentencia de los crímenes de que son acusados, es menester suministrarles cuanto necesiten para mantenerse con decencia, según su condición y estado; con los reos confesos procedan los concilios, según les dicte su prudencia, templando el rigor de la justicia con mucha misericordia, pero si hubiese algunos impenitentes o relapsos, es menester proceder contra ellos con el rigor de las penas canónicas.

A todos los que hasta ahora no han sufrido examen ni juicio, y tal vez están dispersos o fugitivos, los citamos con aprobación del concilio, y mandamos que dentro de un año se presenten a sus respectivos ordinarios para ser examinados y juzgados, según requiere la justicia, bien que siempre con gran misericordia. Por punto general es indispensable que a todos los que han sido de la Orden, cuando vengan a la obediencia de la iglesia, y mientras que permanezcan en ella, se les suministre, por disposición de los concilios, y de los bienes que fueron de la misma Orden, todo lo necesario para su decente manutención, dejándoles habitar en sus mismas casas o castillos o en otros monasterios, con la sola prevención de que no se reúnan muchos bajo de un mismo cubierto. A los fugitivos que no se presenten a los ordinarios dentro de un año, se les impone la pena de excomunión, y si tardan otro año en presentarse, se les declara sospechosos de herejía, y se manda que sean castigados como herejes".

Últimamente, para que los dispersos o fugitivos no pudiesen alegar ignorancia de este edicto, se publicó en el concilio de Viena, y se mandó fijar en las puertas de la catedral de la misma ciudad, encargando a los ordinarios que procurasen hacer lo mismo y con la mayor prontitud en las principales iglesias de sus diócesis. La data de esta bula es de 6 de mayo o *pridie nonas* 1312.

DISTRIBUCIÓN Y DESTINO QUE SE DIO A LOS BIENES QUE FUERON DE LOS TEMPLARIOS

La bula que empieza *Ad providam Christi vicarii*, y que dispone de los bienes de los templarios lleva en unos manuscritos la fecha *sexto nonas maii*, y en otros *sexto idus*, es decir, en unos el día 2, y en otros el día 10 del mismo mes de mayo de 1312. En ella Su Santidad, después de recordar que al tiempo de extinguir la orden de los templarios reservó a la Silla apostólica disponer de sus bienes, añade que posteriormente ha tratado con los cardenales y con los padres del concilio acerca el mejor destino que podía dárseles, y con su aprobación les concede todos a la orden de San Juan de Jerusalén, exceptuando sin embargo los que existían en los dominios de los reyes de Castilla, Aragón, Portugal y Mallorca, cuyo destino suspendió, dejándole reservado a la Silla apostólica.

En vista de esta última disposición, los soberanos de estos reinos procuraron que los bienes de los templarios tuviesen en sus estados el destino más conveniente, y en efecto, en los años inmediatos se aplicaron a la orden de San Juan de Jerusalén los que tenían los templarios en el reino de Aragón, a excepción no obstante de los de Valencia, con los cuales se fundó, con aprobación del papa Juan XXII, la nueva orden de caballería de Montesa.

Los bienes de los templarios en Mallorca fueron consignados igualmente a la orden de San Juan; pero don Sancho, sucesor de don Jaime, que reinaba entonces en esta isla, exigió que por todos los derechos y pretensiones que tenía a aquellos bienes se le pagasen nueve mil sueldos de reales de Mallorca, y dos mil sueldos Barceloneses en cada año, y de contado se le entregasen otros veinte y dos mil y quinientos sueldos de dicha moneda de Mallorca, y que además se obligasen los Hospitalarios al mismo reconocimiento y servicios militares contra los sarracenos a que estaban obligados los caballeros del Temple.

La Orden de los templarios poseía muchos bienes y vasallos en Castilla, como que parece tenían 24 bailias o encomiendas, y más de diez y ocho pueblos de mucha consideración. De todos estos bienes se apoderó el rey don Fernando IV luego que se comenzó a proceder contra ellos, quedándose con una buena parte, y dando la otra a las órdenes de Santiago y Calatrava.

El mismo Soberano dispuso de aquellos bienes antes de la celebración del concilio de Viena, pues consta que en el año de 1308 concedió cierto derecho que les había pertenecido a la orden de Santiago; y en el año de 1312 dio a Gonzalo Gómez de Caldelas la casa del Ventoso en tierra de Jerez de Badajoz, que también había sido del Temple.

En el reinado de don Alonso XI, hijo y sucesor de don Fernando, continuó la corona disponiendo de aquellos bienes, pues en 1344 concedió a su hijo don Fadrique, XXV maestre de Santiago, y a su Orden, las villas de Caravaca, Caheguin y Bullas, que habían sido de la orden del Temple, si bien que de la de Caheguin ya parece eran dueños los de Santiago, pues esta Orden, la de Calatrava, y algunos ricos hombres o ciudadanos de la frontera, se habían apoderado de varios pueblos y castillos de los templarios, por hallarlos abandonados, y expuestos a caer en manos de los moros.

El papa Juan XXII, sucesor de Clemente V, parece no llevó a bien que el rey dispusiese de los bienes de los templarios, y por lo mismo mandó que fuesen entregados todos a los caballeros o de la orden de San Juan, dando comisión para ello al prior de esta Orden en Castilla; pero los detentores de dichos bienes, fundados en el derecho y regalías de la corona, se resistieron formalmente a la entrega. El prior recurrió al Papa, quien dio nueva comisión al arzobispo de Santiago para que hiciese llevar a efecto la bula con todo rigor de derecho; pero parece que este litigio se cortó, pues que tanto la corona como las órdenes de Santiago, Calatrava y Montesa continuaron poseyendo los bienes de que se habían apoderado, aunque también se dieron algunos a la de San Juan de Jerusalén, pero solo por una donación graciosa, y no por obligación que creyesen tener nuestros soberanos.

Los bienes que los templarios poseían en Navarra, sin dificultad se aplicaron, como en Francia, a la orden de San Juan, pues reinaba en ella Luis Hutin, hijo de Felipe el Hermoso.

Los de Portugal se destinaron también para la nueva Orden militar, que a solicitud del Rey aprobó el Papa en 1819 con el nombre de "Milicia de Jesucristo en los reinos de Portugal y Algarbe", para la defensa de la fe cristiana y destrucción de los moros que invadían el país.

El rey don Dionisio dio a los caballeros de la nueva milicia, u orden de Cristo, la villa de Castromarin por cabeza de ella; pero después lo fue el convento de Thomar, por haber sido antes sacro convento y cabeza de la orden del Temple en aquel reino.

La bula *Vox in excelso audita est*, etc. y la que principia *Considerantes dudum*, no se hallan en las colecciones regulares de concilios, ni en los historiadores más celebres, habiendo estado generalmente olvidadas por algunos siglos. El célebre anticuario don Jaime Caresmar, canónigo premonstratense de Nª Sª de las Avellanas en Cataluña, fue el que dio noticia de la primera bula, publicando un discurso muy erudito, y una copia coetánea de ella, que halló registrando el archivo de la iglesia abadial de Ager en el mismo principado.

Esta y la otra fueron publicadas después por don Joaquín Lorenzo Villanueva, literario en las iglesias de España, que copió del Registro de los templarios formado en aquel tiempo, y que se guarda en el archivo general de la corona de Aragón en Barcelona, y con este motivo dio también otras noticias tomadas de dicho registro.

CONCLUSIÓN

De todo lo dicho parece deducirse que aunque todos los templarios en general fueron acusados de delitos enormes e increíbles, el Papa en el concilio de Viena, lejos de apoyar la extinción de la Orden en estos crímenes, declaró que no podía fundarla en los procesos. Sin embargo S. S. tendría para determinarla causas sin duda poderosas y justas.

A primera vista parece que las acusaciones de que les hacían cargo eran absurdas, siendo difícil concebir que todos los individuos de una milicia religiosa fuesen a la vez ateos y hechiceros, que profanasen la imagen de Jesús crucificado, y que adorasen una cabeza de madera con una gran barba, con otras cosas tanto o más ridículas y criminales que éstas. Las confesiones que les arrancaron en la tortura no probarían otra cosa sino lo bárbaro que era el uso de la cuestión.

El procurador general de la Orden, el hermano Pedro de Bolonia, hizo presente en diferentes peticiones y memoriales que no era verosímil que los templarios renegasen de la religión en que habían nacido para adorar a un ídolo, en especial no obligándoles a ello ningún motivo de interés; aun, decía, era más increíble que los que se presentasen para entrar en la Orden no se horrorizaran al presenciar tan abominables misterios y no los revelasen. Hizo también presente que Felipe el Hermoso había prometido por escrito la libertad, la vida y buenas recompensas pecuniarias a los caballeros que voluntariamente se reconociesen culpados, y que a aquellos que no cedieron a las promesas, ni se asustaron de las amenazas, se les hizo padecer crueles tormentos. Añadía que quedaba justificado que habiendo caído enfermos muchos templarios en las cárceles, protestaron una y mil veces a la hora de su muerte, con señales indudables del más vivo y sincero arrepentimiento, que eran falsas las declaraciones que les habían exigido, y que sólo las habían hecho para libertarse del cruel trato que se les daba; que ninguno de los templarios presos en los demás reinos católicos, fuera de los estados en donde mandaba Felipe el Hermoso, habían declarado las abominaciones que en Francia se les imputaban, en donde, concluía, ya de antemano se había resuelto y preparado el perderlos con cuantos medios pudo inventar la fuerza y el engaño.

Hablando un historiador francés de este suceso dice:

"jamás creeré que un gran maestre y tantos caballeros, entre los cuales había algunos príncipes, todos ellos dignos del mayor respeto por su edad y grandes servicios, fuesen reos y autores de los absurdos y abominables delitos que les imputaban. No es posible que yo conciba que una orden entera de religiosos, renegase en Europa de la religión cristiana, por la cual combatía y derramaba su sangre en Asia y África, habiendo aun muchos de sus caballeros que gemían en duro cautiverio en poder de los turcos y árabes, prefiriendo más bien morir en aquellas mazmorras que renegar de su religión. Últimamente, añade, es difícil e imposible que deje de creer a más de ochenta caballeros que al morir ponen a Dios por testigo de su inocencia".

Millot, también francés, dice:

"que había fuertes razones para extinguir una Orden que se había hecho inútil a la iglesia, gravosa al público, peligrosa por su mucho poder y sus escándalos. Pero cuanto más justa era la causa en sí, continua este escritor, tanto más sorprende el modo como se hizo".

El presidente Henault, hablando de este suceso dice:

"que fue horroroso, ya apareciesen ciertos los delitos, ya fuesen supuestos".

Sus mayores crímenes fueron sin duda sus riquezas, su poder, una especie de independencia de todo gobierno, y algunas sediciones que habían excitado en Francia, con motivo de haber Felipe aumentado el valor nominal de la moneda, al mismo tiempo que disminuyó el intrínseco, mal aconsejado de Estevan Barbete, superintendente de las casas de moneda y hombre malvado, según nos lo pintan los escritores franceses, en cuya alteración de moneda habían los templarios perdido sumas considerables. Se les acusaba también de haber facilitado dinero a Bonifacio VIII cuando sus contestaciones con Felipe el Hermoso; y todos los historiadores convienen en que este monarca era implacable en sus venganzas. Feijoó acusa a este príncipe de muy avariento y de conciencia estragada; y el cardenal Baronio le llama impío *A rege importuno, pariter ac impío*.

Los mismos historiadores franceses, al paso que celebran la viveza de su ingenio, sus elevados pensamientos, la firmeza de su ánimo y su carácter franco y caballeresco, se ven precisados a confesar, por otra parte, su avaricia, su rigor que rayaba en crueldad, y el ilimitado poder que concedió a codiciosos e insolentes ministros. Una prueba incontestable del carácter arrojado y vengativo de aquel soberano la tenemos en sus escandalosas desavenencias con el papa Bonifacio VIII, odio que conservó aun después de la muerte, llegando hasta el extremo de querer que fuese condenada su memoria y quemados sus huesos.

"Y si a este monarca, dice Feijoó, no le faltaron cuarenta testigos todos contestes para calumniar tan atrozmente a un soberano pontífice, considérese si le faltarían hombres malvados para probar los delitos de los templarios por falsos que fuesen".

El abad Trithemio atribuye también su extinción al recelo con que los príncipes católicos, y principalmente Felipe el Hermoso, miraba el poder y riquezas de esta Orden.

Bossuet dice que los templarios fueron castigados con inaudita crueldad y añade, como hemos referido ya, que no sabe si hubo en este castigo más avaricia y venganza que justicia.

Defienden a más la inocencia de los templarios Juan Villani, el Bocaccio, San Antonino de Florencia, Papirio Mason, y otros muchos célebres historiadores. Nuestro Feijoó lo hace abiertamente, acriminando al rey de Francia, y respondiendo en cuanto a la autoridad del Papa y del concilio, que éste nada resolvió, y que el sumo Pontífice más bien intervino en su extinción como soberano que como juez, procediendo a ello tal vez por fuertes causas o motivos políticos que debía tener.

Mas a pesar de todo esto, es preciso también confesar que los templarios habían extremadamente degenerado de las virtudes de sus piadosos fundadores, y que los votos de pobreza, castidad y obediencia que hacían al entrar en la Orden no eran ya para muchos de ellos más que palabras vacías de sentido. Sus cuantiosas riquezas les hicieron, según algunos, tan arrogantes y orgullosos, que no sólo rehusaron obediencia al patriarca de Jerusalén, sino que, aun añaden, amagaron elevarse sobre las mismas testas coronadas, llegando a hacerles la guerra, saqueando y usurpando indiferentemente las tierras y bienes de los cristianos, como las de los infieles. Otros añaden, cosa a la verdad increíble, que se unieron alguna vez con los últimos para batir o destruir a los primeros, como dicen sucedió cuando dieron al Soldan de Egipto los medios de sorprender a Felipe II, que había pasado a la Tierra santa, y cuya presencia en aquellos países no les era nada grata.

La vanidad y orgullo de la mayor parte de los templarios llegó a tal extremo, que pasó a proverbio entre algunas naciones la expresión "más orgulloso que un templario" refiriendo acerca esto un dicho particular de Ricardo I de Inglaterra.

"Los templarios no tardaron en hacerse ricos y poderosos, dice el abate Ducreux en su *Historia eclesiástica*, y su primer fervor se disminuyó bien pronto. Olvidaron el servicio de la religión para sólo pensar en engrandecerse por medio de las conquistas y granjearse grandes rentas a expensas así de los cristianos, como de los infieles. La fiereza, el orgullo, la independencia, las malas inclinaciones, y todos los excesos de una vida brutal y licenciosa, en breve hicieron perder de vista a aquellos religiosos el piadoso objeto de su instituto. Abusaban de los privilegios que hablan obtenido; despreciaban a los obispos, no haciendo caso de sus reconvenciones bajo el pretexto de no estar sujetos a su jurisdicción. Tampoco lo estaban al Papa, a quien sólo obedecían en lo que les era favorable. No observaban los tratados con los infieles, lo que muchas veces daba lugar a venganzas y a represalias muy funestas. Algunas veces se ligaban por interés con ellos para hacer la guerra a los príncipes cristianos que hubieran debido auxiliar como estaban obligados por sus votos. Apenas había corrido la mitad del siglo XII cuando los obispos, justamente indignados de una conducta tan poco conforme a unos religiosos, se quejaron amargamente a la Santa Sede. Fuchero, patriarca de Jerusalén, de cerca de cien años de edad, hizo con este objeto un viaje a Roma en 1155 con varios prelados latinos de Asia. Pero en vano se tomaron tanto trabajo, pues a pesar de las buenas intenciones y luces de Adriano IV, Papa entonces, el Patriarca y sus compañeros se vieron obligados a repasar el mar sin haber obtenido justicia".

Flores también supone que fueron extinguidos por los enormes crímenes que se les comprobaron. Sus costumbres licenciosas, efecto en parte de la vida militar y caballeresca, habían excitado contra ellos el odio, el aborrecimiento y las quejas de los pueblos; mientras que sus inmensas riquezas, su espíritu inquieto y turbulento, siempre dispuesto a fomentar intrigas y sublevaciones, habían alarmado a los soberanos, y hacían necesaria e indispensable una reforma en la Orden. A esta medida, que parece hubiera sido la mas prudente y sabia, hizo preferir tal vez el deseo de apoderarse de sus riquezas, una supresión general de la Orden, acompañada en algunas partes de medios estrepitosos y bárbaros, que no ponían a cubierto ni la razón de estado, ni los crímenes atroces con que tal vez los que se apoderaron de sus riquezas quisieron infamar su memoria. La disposición de Su Santidad, que, como hemos visto, mandaba que los bienes de los templarios pasaran a la orden de los caballeros de San Juan de Jerusalén o de Malta, no se cumplió en Francia sino en apariencia. Estos caballeros es verdad obtuvieron los beneficios, pero el rey se quedó con el dinero, que se dice ascendía a doscientas mil libras, cantidad exorbitante en aquellos tiempos. Su hijo Luis exigió todavía después sesenta mil libras más de los posesores de los bienes de los templarios, obligándoles últimamente a cederle los dos tercios del dinero de los templarios, los muebles de sus casas, los ornamentos de las iglesias, y todas las rentas vencidas desde el día 13 de octubre de 1307 hasta el año de 1314, época del suplicio de los últimos templarios.

Opinan también algunos historiadores que lo que acabó de determinar la extinción de los templarios fue la resistencia que éstos pusieron siempre que se trató de reunir las tres órdenes militares de San Juan de Jerusalén, Teutónica y del Temple. Esta incorporación se consideraba como el único medio de quitar la emulación y contiendas que hubo entre ellas; habiendo acudido varias veces a las armas unos contra otros con gran mortandad de los combatientes y grave escándalo de los verdaderos fieles, atribuyendo algunos autores a sus continuas enemistades las malas resultas que se experimentaron en las guerras que sostuvieron los cristianos en Oriente.

Intentó ya hacer esta reunión Gregorio X, en el concilio de León, y Nicolao IV después de la pérdida de San Juan de Acre, que se atribuyó a las disensiones que nuevamente se suscitaron entre los caballeros de las órdenes militares, pero no pudo verificarse. Más adelante Bonifacio VIII deseaba lo mismo, y tuvo que desistir también de su idea, como lo expuso el gran maestre que era entonces de los templarios, cuando Clemente V le consultó acerca el mismo proyecto. Este último Papa, con su total extinción obtuvo mucho más de lo que intentaron y no pudieron conseguir sus antecesores.

Creen otros, y no sin fundamento, que el empeño que manifestó el rey de Francia en destruir y aniquilar aquella Orden fue una causa poderosa, principalmente en aquéllos tiempos, para que el Papa, que entonces residía en Aviñón, ciudad de Francia, se acabase de resolver a extinguir esta religión caballeresca.

El fausto, esplendidez y regalo en que vivían en general los templarios, disipando los grandes bienes y riquezas destinadas al alivio de la Tierra Santa, pudo inclinar también a Clemente V a ponerlos en manos de la orden de San Juan de Jerusalén para su mejor y mas propia inversión. Los delitos atribuidos a los templarios, aunque no probados, daban motivo razonable, como dice un sabio escritor eclesiástico español, para extinguirlos, fundado en que una vez infamada la Orden, no podía ser ya útil a la cristiandad; y por todas estas y otras razones, aun suponiendo inocentes a los templarios, añade Feijoó, podía S. S. usando de la plenitud de sus derechos extinguir aquella religión sin obrar contra justicia.

Tal fue pues el origen, progresos, y fin de la Orden de los caballeros del Temple, la primera y más antigua de las órdenes de caballería, y sin duda también una de las más ricas y poderosas que han existido, la cual tan solo subsistió 194 años desde que Hugo de Paganis se juntó en Jerusalén con sus compañeros en 1118, hasta que Clemente V la extinguió en Viena el día 12 de marzo de 1312.

CATALOGO DE LOS GRAN MAESTRES DE LA ORDEN DEL TEMPLE

Que solían residir en Jerusalén, por cuya razón se les llamaba maestres generales de ultramar, a quienes estaban subordinados los maestres particulares que tenían los templarios en cada reino o provincia.

1°. Hugo de Paganis, o de Payens según otros, fundador de la Orden, natural de Trojes en Francia; asistió al concilio Trecense, en el año de 1127, y volvió luego a la Palestina.

2°. Roberto, por otro nombre Borgoñon, de la familia de Craon en Anjou; año de 1147.

3°. Ebrardo o Eberardo de Barris; año de 1148.

4°. Hugo Jofre; año de 1151.

5°. Bernardo Tremelay; asistió al sitio de Ascalona en el año de 1153, y habiendo sido hecho prisionero por Saladino, obtuvo la libertad en 1157, a instancias del emperador Manuel.

6°. Bernardo de Blanchefort; año de 1160, se halló y portose valerosamente en la derrota que sufrieron los cristianos cerca Harene.

7°. Andrés de Montebarro pariente de San Bernardo; año de 1161.

8°. Felipe de Nafiluse, señor de Nápoles en Siria. Habiendo entrado en la religión del Temple y sido elegido gran maestre de ella, renunció luego esta dignidad antes del año de 1170.

9°. Odón de San Amando. Después de haber desempeñado cargos honoríficos cerca la persona del rey de Jerusalén, entró en la milicia del Temple, fue promovido a la dignidad de gran maestre, que obtenía por los años de 1174 y 1176. Se halló y dio pruebas de gran valor en la batalla en que Balduino IV derrotó a Saladino cerca Rama, pero poco después, en la batalla de Sidón, cayó prisionero del mismo Saladino, y acabó sus días en la esclavitud.

10°. Arnaldo de Tarroja fue gran maestre desde los años de 1181 hasta el de 1184, en que Saladino le mató de un sablazo. Antes lo había sido de Aragón por los años de 1174.

11°. Theodórico o Terrico. Era gran maestre por los años de 1187, en cuya época acaeció la destrucción del rey Guido. Aseguran algunos que después de este acaecimiento renunció el maestrazgo.

12°. Girardo o Gerardo de Ridessor o Ridefort, y según otros de Bedefort, fue primero alférez y senescal del rey de Jerusalén y después promovido a gran maestre en 1188.

13°. Gualtero.

14°. Roberto de Sabloil, de la familia de Sablé en Anjou; año de 1195.

15°. Gilberto Horal o Eral; año de 1196.

16°. Ponce Rigaldo; año de 1198.

17°. Felipe de Plessiez; año de 1200.

18°. Theodato de Bersiaco. Fue gran maestre por los años de mil doscientos y tantos.

19°. Guillermo de Montedon; año de 1216.

20°. Guillermo de Carnoto o de Chartres; año de 1218. En el año siguiente de 1219 se halló en el sitio de Damieta.

21°. Tomas de Montacuto o de Montagudo; año de 1221. Se cree que en tiempo de este gran maestre, el papa Honorio III eximió a los templarios de la jurisdicción del patriarca de Jerusalén, y de los demás obispos.

22°. Armando o Arimando; año 1137.

23°. Armando de Perigord; año de 1239. Este maestre murió a manos de los sarracenos en 1244.

24°. Guillermo Sonnac o de Senay. Asistió con San Luis al sitio de Damieta en el año de 1249, cuyo valor celebró Joinville.

25°. Renaldo o Reinaldo de Vichier.

26°. Aymerico; año de 1264.

27°. Tomas Berart o Berane; año de 1273. Puteano en su historia de los templarios dice que a este gran maestre se atribuía aquella criminal costumbre, de la cual fueron acusados los templarios, de negar a Cristo en la profesión, delito que algunos acriminaban a otro, que añaden se llamaba Roncelino, y del que no tenemos noticia.

28°. Roberto. Asistió al concilio de León; año de 1274.

29. Gifredo de Salvaing del Delfinado; año de 1285.

30°. Guillermo de Bellojoco o de Belloch. Fue elegido gran maestre en 1286. Murió en el sitio de Acre con todos los templarios, a excepción de diez que se salvaron peleando valerosamente contra los sarracenos, en 1291.

31°. Monacho Gaudini fue elegido gran maestre por los diez caballeros que solamente se salvaron en la derrota de San Juan de Acre, en la cual murió su antecesor; con ellos se retiró a la isla de Chipre.

32°. Jacobo o Santiago de Nolay, y según otros de Molay, último gran maestre de la Orden. Era natural de Borgoña de la diócesis de Besanzon. Conquistó a Tortosa en la Palestina con Aymerico, señor de Tyro, y después hizo todavía la guerra a los sarracenos por algunos años, dando las mayores pruebas de su valor, hasta que echado de la Palestina por el soldán de Babilonia, se retiró a Francia, donde, como hemos dicho, fue condenado a morir entre las llamas.

CATALOGO DE LOS MAESTRES PROVINCIALES DE CASTILLA Y LEÓN

1°. Fr. don Pedro Bobera I. Año 1152.

2°. Fr. don Guido de Garda. Año 1178.

3°. Fr. don Juan Fernández I. Año 1183.

4°. Fr. don Gutierre Hermildes. Se ignora el tiempo en que fue elegido.

5°. Fr. don Estevan de Belmonte; en tiempo de don Alfonso IX.

6°. Fr. don Gómez Ramírez. Año 1212.

7°. Fr. don Pedro Álvarez Aluito II. Año de 1221.

8°. Fr. don Martín Martínez I. Mandaba en Castilla, Aragón y Portugal en el año de 1243.

9°. Fr. don Gómez Ramírez II. Año 1248

10°. Fr. don Pedro Gómez III. Año de 1248.

11°. Fr. don Martín Núñez II. Año de 1257 y 1259.

12°. Fr. don Lope Sánchez. Año 1266.

13°. Fr. don Guillermo.. Año de 1269.

14°- Fr. don Garci Fernández. Año de 1271.

15°. Fr. don Juan Fernández Cay II, maestre de Castilla, León y Portugal. Año de 1283.

16°. Fr. don Fernando Pérez, comendador mayor. Año de 1286.

17°. Fr. don Gómez García III. Año de 1286.

18°. Fr. don Sancho Ibáñez. Año 1295.

19°. Fr. don Ruy I Diaz. Año de 1296.

20°. Fr. don Gonzalo Yañez. Año 1296

21°. Fr. don Pedro Yáñez IV.

22°. Fr. don Rodrigo II Yáñez, último maestre hasta el año de 1310, en que como tal se halló en el concilio de Salamanca.

CATALOGO DE LOS MAESTRES PROVINCIALES DE ARAGÓN Y CATALUÑA

1°. Fr. don Pedro Rovera, maestre en Provenza. Año de 1143.

2°. Fr. don Berenguerde Aviñon. Año de 1149.

3°. Fr. don Pedro de Rueyra en Aragón. Año de 1149.

4°. Fr. don Arnaldo de Tarroja que lo era de Aragón, Cataluña y Provenza. Año de 1174.

5°. Fr. don Hugo Jofre. Año den 1176.

6°. Fr. don Arnaldo Claramonte en Provenza. Año de 1196.

7°. Fr. don Ramón de Gurb. Año 1198.

8°. Fr. don Pedro de Montagudo. Año de 1210.

9°. Fr. don Guillermo de Montedon. Año de 1214.

10°. Fr. don Adelmaro de Claret. Lugarteniente en Aragón y Cataluña. Año de 1216.

11°. Fr. don Ponce Mariscal. Lugarteniente en España. Año de 1218.

12°. Fr. don Guillén de Allaco. Año de 1221.

13°. Fr. don Francisco Mompesar. Año de 1227.

14°. Fr. don Bernardo Champans. Año de 1230.

15°. Fr. don Ramón Patot en Aragón, Cataluña y Provenza. Año de 1233.

16°. Fr. don Hugo de Monlauro. Año de 1235.

17°. Fr. don Ramón Berenguer. Año de 1238.

18°. Fr. don Astruque de Claramonte. Año de 1239.

19°. Fr. don Guillermo de Cardona. Año de 1250.

20°. Fr. don Guillermo de Pontos. Año de 1265.

21°. Fr. don Antonio de Castellnou. Año de 1272.

22°. Fr. don Pedro de Moneada. Año de 1276.

23°. Fr. don Pedro de Queralt, lugarteniente. Año de 1276.

24°. Fr. don Berenguer de Cardona. Año de 1291.

24°. Fr. don Bartolome Belvís, lugarteniente. Año de 1308, en cuyo tiempo como vimos se trató de la extinción de la Orden en el reino de Aragón.

REGLA DE LOS POBRES CONMILITONES DE CRISTO Y TEMPLO DE SALOMÓN DE LA SANTA CIUDAD DE JERUSALÉN (REGLA DE LA ORDEN DE LOS CABALLEROS TEMPLARIOS)

I. Cómo se ha de oír el oficio divino.

Vosotros, que en cierta manera renunciasteis la propia voluntad, y los demás, que por la salvación de las almas militáis sirviendo al Rey supremo con caballos y armas, procurad universalmente con piadoso y puro afecto oír los maitines y todo el oficio divino, según la canónica institución y costumbre de los doctos regulares de la santa iglesia de Jerusalén. Y por esto, ¡o venerables hermanos! a vosotros muy en particular os toca, porque habiendo despreciado el mundo y los tormentos de vuestros cuerpos, prometisteis tener en poco al mundo por el amor de Dios; y así fortalecidos y saciados con el divino manjar, instruidos y firmes en los preceptos del Señor, después de haber consumado y asistido al misterio divino, ninguno tema la pelea, sino esté apercibido para conseguir la victoria y la corona.

II. Que digan las oraciones dominicales, si no pudieren asistir al oficio divino.

A más de esto, si algún hermano estuviere distante o en país remoto en negocio de la cristiandad, (que sucederá muchas veces) y por tal ausencia no oyere el Oficio divino, por los maitines dirá trece padres nuestros, u oraciones dominicales, y siete por cada una de las horas menores, y por las vísperas nueve, respeto a que ocupados éstos en tan saludable trabajo no pueden acudir a hora competente al Oficio divino, pero si pudieren que lo hagan a las horas señaladas.

III. Qué se haya de hacer por los hermanos difuntos.

Cuando alguno de los hermanos muriere, que la muerte a nadie perdona ni se escapa de ella, mandamos que con los clérigos y capellanes que sirven a Dios sumo sacerdote, ofrezcáis caritativamente con ellos y con pureza de ánimo el oficio y misa solemne a Jesucristo por su alma; y los hermanos que allí estuviereis pernoctaréis en oración por el alma de dicho difunto, rezando cien padresnuestros hasta el día séptimo, los cuales se han de contar desde el día de la muerte, o desde que se supiere, haciéndolo con fraternal observancia porque el número de siete es número de perfección. Y todavía os suplicamos con divina caridad, y os mandamos con paternal autoridad, que así como cada día se le daba a nuestro hermano lo necesario para comer y sustentar la vida, que esta misma comida y bebida se dé a un pobre hasta los cuarenta días; y todas las demás oblaciones que acostumbrabais hacer por dichos hermanos, así en la muerte de algunos de ellos, o como en las solemnidades de pascua, del todo las prohibimos.

IV. Los capellanes solamente tengan comida y vestido.

Mandamos que todas las oblaciones y limosnas que se hicieren a los capellanes, o a otros que estén por tiempo determinado, sirvan para todo el cabildo, y que los servidores de la iglesia tan solamente tengan, según su clase, comida, vestido, y lo que cristianamente les diere de su voluntad el Maestre.

V. De cuando muriere uno de los soldados que asisten con los templarios.

Hay también soldados en la casa de Dios y templo de Salomón que viven con nosotros, por lo cual os suplicamos rogamos y os mandamos, con inefable conmiseración, que si alguno de estos muriere, se le dé a un pobre por siete días de comer, por su alma, con divino amor y fraternal piedad.

VI. Que ningún hermano templario haga oblación.

Determinamos, como se dijo arriba, que ninguno de los hermanos perpetuos presuma hacer otra oblación, sino que permanezca día y noche en su profesión con limpio corazón, para que en esto pueda igualarse con el más sabio de los profetas, que en el salmo 115 decía: "Beberé el cáliz de salud e imitaré en mi muerte la muerte del Señor", porque así como Cristo ofreció por mi su alma, así estoy pronto a ofrecerla por mis hermanos y he aquí una competente oblación, y hostia viva que place a Dios.

VII. De lo inmoderado de estar en pié.

Habiéndonos dicho un verdadero testigo que oís todo el Oficio divino en pié, mandamos no sólo que lo hagáis, antes lo vituperamos, y prevenimos que concluido el salmo *Venite exultemus domino*, con el invitatorio e himno, todos os sentéis, los débiles como los fuertes, y os lo mandamos por evitar el escándalo; y estando sentados sólo os levantéis al decir *Gloria patri* concluido el salmo, suplicando vueltos al altar, bajando la cabeza por reverencia a la Santísima Trinidad nombrada, y los débiles basta que hagan la inclinación sin levantarse; al Evangelio, al *Te Deum laudamus*, y durante los Laudes, hasta el B*enedicamus Domino*, estaréis en pié, y lo mismo en los maitines de Nuestra Señora.

VIII. De la comida en refectorio.

Creemos que comeréis en refectorio; cuando alguna cosa os faltare y tuviereis necesidad de ella, si no pudierais pedirla por señas, pedireisla silenciosamente, y así siempre que se pida algo estando en la mesa ha de ser con humildad y rendimiento, como dice el apóstol "come tu pan con silencio" y el salmista os debe animar diciendo: "Puse a mi boca custodia o silencio", que quiere decir: deliberé no hablar, y guardé mi boca por no hablar mal.

IX. De la lectura o lección cuando se come.

Siempre que se coma se leerá la santa lección; si amamos a Dios debemos desear oír sus santos preceptos y palabras; y así el lector hará señal para que todos guarden silencio.

X. Del comer carne en la semana.

En la semana, si no es en el día de Pascua, de Navidad, Resurrección, o festividad de nuestra Señora, o de todos los Santos, basta comerla tres veces o días en ella, porque la costumbre de comerla se entiende es corrupción de los cuerpos. Si el martes fuere de ayuno, el miércoles se os dará comida más abundante. En el domingo, así a los caballeros, como a los capellanes, se les dé dos platos en honra de la santa Resurrección; los demás sirvientes se contentarán con uno y den gracias a Dios.

XI. Cómo deben comer los caballeros.

Conviene en general coman de dos en dos para que con cuidado se provean unos a otros, y no se introduzca entre ellos la aspereza de vida y la abstinencia en todo; y juzgamos justo que a cada uno de dichos caballeros se les den iguales porciones de vino.

XII. Que en los demás días basta darles dos o tres platos de legumbres.

En los demás días, como son lunes, miércoles y sábados, basta dar dos o tres platos de legumbres u otra cosa cocida, para que el que no come de uno coma de otro.

XIII. Qué conviene comer los viernes.

El viernes comerá sin falta de cuaresma toda la congregación, por la reverencia debida a la pasión, excepto los enfermos y flacos; y desde todos Santos, hasta Pascua, a excepción del día del nacimiento del Señor, o festividades de nuestra Señora o Apóstoles, alabamos al que no comiere más que una vez al día; en lo restante del año, si no fuere día de ayuno, hagan dos comidas.

XIV. Después de comer, que den gracias a Dios.

Después de comer y cenar, si la iglesia está cerca, y si no en el mismo lugar, den gracias a Dios que es nuestro procurador, con humilde corazón; y mandamos igualmente que a los pobres se les den los fragmentos, y que se guarden los panes enteros.

XV. Que el décimo pan se dé al limosnero

Aunque el premio de la pobreza es el reino de los cielos, y sin duda será para los pobres, mandamos a vosotros dar cada día al limosnero el diezmo de todo el pan que os dieren.

XVI. Que la colación sea al arbitrio del Maestre.

Habiéndose puesto el Sol, oída la señal según la costumbre de esa religión, conviene que todos vayan a completas. Pero antes de ellas deseamos que tomen una colación en comunidad. Esta refracción la dejamos al arbitrio del Maestre, y que en ella se beba agua o vino aguado como él dispusiere, mas que no sea con demasía, que también los sabios vemos desdicen de su conducta y comportamiento con el uso extremado del vino.

XVII. Que se guarde silencio después de completas.

Acabadas las completas, conviene que se vayan a acostar. Después de salir de ellas ninguno hable en lugares públicos si no hubiere necesidad, y lo que se hablare con su escudero, sea en voz baja. Si alguna vez fuese muy preciso que alguno de vosotros, juntos o separadamente, tuviereis de hablar al Maestre, o al que ejerce sus funciones en casa, del estado de la guerra, o de los negocios del monasterio, por no haber tenido lugar en todo el día, mandamos que se haga con las precisas palabras y guardando el posible silencio, porque escrito está: *Que en el mucho hablar no faltará pecado*; y que también: *la muerte y la vida están en la lengua*. En aquella junta prohibimos las chanzas y palabras ociosas que ocasionan rizas; y mandamos que si alguno hubiere hablado con poca atención, rece al irse a acostar un *Paternoster* con toda humildad y devoción.

XVIII. Los que se hallaren cansados no se levanten a maitines.

Porque no es justo que los que se hallaren fatigados se levanten a maitines, mandamos que con licencia del Maestre o del que ocupare su lugar, descansen, y después canten las trece oraciones señaladas, de suerte que se ajuste a las voces la atención, según lo que dice el Profeta: *Cantad al Señor sabiamente*; y en otra parte: *Tendré presente los ángeles cuando cantare tus alabanzas*. Esto sea siempre a arbitrio del Maestre.

XIX. Que se guarde igualdad en la comida.

Léese en las sagradas Letras que se daba a todos según lo que había menester cada uno. Por eso mandamos que no se haga excepción de personas, y no se atienda a más que a las necesidades. Y así el que ha menester menos, dé gracias a Dios, y no se entristezca por lo que a otro dieren; y el que necesita más, humíllese por su flaqueza, y no se ensoberbezca por la misericordia que con él se usa, y así vivirán en paz todos los individuos de este cuerpo religioso. Prohibimos se singularice alguno en las mortificaciones, y mandamos que guarden todos vida común.

XX. Del vestido.

Los vestidos sean siempre de un color, blanco o negro, o por mejor decir de buriel. A todos los caballeros profesos señalamos que en verano y en invierno lleven, por poco que puedan, el vestido blanco; pues dejaron las tinieblas de la vida seglar, se conozcan por amigos de Dios en el vestido blanco y lucido. ¿Qué es el color blanco sino entera pureza? La pureza es seguridad del ánimo, salud del cuerpo. Si el religioso militar no guardare pureza, no podrá llegar a la eterna felicidad y vista de Dios, afirmando el apóstol San Pablo: *Guardad con todos paz, guardad pureza, sin la cual ninguno verá al Señor.* Mas porque con este vestido no se ha de mostrar vanidad ni gala, mandamos que sea de tal hechura que cualquiera solo y sin fatiga se pueda vestir y desnudar, calzar y descalzar. El encargado de dar los vestidos, cuide que ni vengan largos, ni cortos, sino ajustados al que haya de usarlos. Al recibir un vestido nuevo vuelvan el que dejan, para que se guarde en la ropería, o donde señalare el que cuide de esto, a fin de que se aprovechen para los escuderos, criados y algunas veces para los pobres.

XXI. Que los criados no lleven el vestido o capas de color blanco.

Prohibimos absolutamente que puedan los criados y escuderos usar vestidos blancos, porque de este abuso se siguieron graves inconvenientes. Levantáronse en las partes ultramontanas falsos hermanos unos y otros casados, que se llamaban del Templo siendo del mundo. Éstos pues ocasionaron muchos daños y persecuciones a la caballería. Y los demás criados ensoberbeciéndose causaron no pocos escándalos. Usen pues vestidos negros, o si no se hallaren de este color, vistan del más obscuro y basto que se pudiera hallar.

XXII. Que sólo los religiosos profesos vistan de blanco.

A ninguno pues le sea licito traer mantos blancos o capas de este color, sino a los Caballeros perpetuos de Cristo.

XXIII. Que usen de pieles de corderillas.

Determinamos de común consentimiento, que ninguno use pieles preciosas para vestido común, ni para cobertor de la cama, sino de pieles de corderillos o carneros.

XXIV. Que los vestidos viejos se den a los escuderos.

Procure el ropero distribuir con igualdad los vestidos viejos a los escuderos, criados y a los pobres.

XXV. Que al que quisiese el mejor vestido se le dé el peor.

Si alguno pretendiera, como debido a su persona o con ánimo soberbio, los vestidos mas nuevos y curiosos, por tal pretensión se le den los peores.

XXVI. Que se guarde cantidad y calidad en los vestidos.

Conviene que el que distribuya los vestidos procure darlos ajustados a la estatura de cada uno, y que ni sean más anchos ni más cortos de lo que sea menester.

XXVII. Que el que distribuya los vestidos guarde igualdad.

En lo largo de los vestidos, como se dijo arriba, procure con amor fraternal ajustados a la medida, para que los ojos de los murmuradores y que censuran no tengan que notar. Y en todo considere la justicia e igualdad de Dios.

XXVIII. De los cabellos largos.

Todos, principalmente los que no estén en campaña, conviene que lleven cortado el cabello con igualdad y con un mismo orden, y guárdese lo mismo en la barba y aladares para que no se vea el vicio de la gala y demasía.

XXIX. De las trenzas y copetes.

No hay duda que es de gentiles llevar trenzas y copetes; y pues esto parece tan mal a todos, lo prohibimos y mandamos que ninguno traiga tal aliño. Ni tampoco las permitimos a los que sólo sirven por determinado tiempo en esta Orden. Y mandamos que no lleven crecido el cabello, ni los vestidos demasiadamente largos, porque a los que sirven al Sumo Criador les es muy necesaria la interior y exterior pureza, afirmándolo así cuando dice : *Sed puros porque yo lo soy*.

XXX. Del número de caballos y escuderos.

Cada uno do los soldados puede tener tres caballos, porque la mucha pobreza de la casa de Dios y Templo de Salomón no da lugar a que por ahora sea mayor el número, a no ser con licencia del Maestre.

XXXI. Que ninguno castigue al escudero que sirve sin salario.

Por la misma causa concedemos a cada uno de los caballeros un escudero solamente. Pero si este sirviere sin estipendio, graciosamente, o por amor de Dios, no le es lícito a alguno maltratarle o castigarle.

XXXII. Cómo se hayan de recibir los que quieran servir en la Orden por tiempo señalado.

Todos los soldados que con intención pura deseen militar en servicio de Dios nuestro Señor en su santa casa por tiempo determinado, compren caballos y armas a propósito para las ocasiones que cada día se ofrecen, y todo lo necesario para este efecto. A más de esto, guardándose igualdad por entre ambas partes, juzgamos útil y conveniente se aprecie el coste de los caballos y se note con cuidado. Désele después con toda caridad y según permitieren las rentas de la casa, todo lo demás que hubiere menester el soldado para sí, o para el caballo y escudero. Mas si por algún suceso perdiere el caballo en servicio de la Orden, el Maestre le dará otro, según permitiere la renta del Convento. Pero llegado el tiempo en que ha de volverse a su patria, el soldado perdone por amor de Dios la mitad del precio de su caballo y la otra parte, si quisiere, puede pedirla a la comunidad y debe entregársele.

XXXIII. Que ninguno obre según su propia voluntad.

Conviene que los religiosos militares, que ninguna cosa buscan y aman más que a Cristo, obedezcan siempre al Maestre en cumplimiento del instituto que profesan por la gloria de Dios o por el temor del infierno. Esta obediencia debe ser tal como si lo mandara el mismo Dios, que es a quien representa el Maestre o el que hace sus veces, y a fin de que pueda aplicárseles lo que dice la Suma verdad: *en oyéndome me obedeció*.

XXXJV. Si pueden salir por el lugar sin orden del Maestre.

Tanto a los fieles o hermanos perpetuos que renuncian su propia voluntad como a los demás que sirven por término señalado en esta milicia, les rogamos encarecidamente y mandamos que sin licencia del Maestre no anden por el lugar sino es para visitar el Santo sepulcro y demás lugares piadosos.

XXXV. Si pueden ir solos.

Los que salieren con el objeto que se ha dicho en el capítulo anterior, no vayan ni de día ni de noche sin compañía, esto es, sin otro Caballero o religioso de los perpetuos. Cuando estuvieren en el ejército, después que estén alojados, ningún soldado o escudero ande por los cuarteles de los demás para ver o hablar con otro, sino con licencia, como se ha dicho. Y así de común consentimiento ordenamos que ningún soldado de esta Orden milite a su arbitrio, sino que se sujete enteramente a lo que el Maestre ordenare, para seguir aquel consejo del Señor: *No vine a hacer mi gusto, sino e! de quien me envió.*

XXXVI. Que ninguno busque singularmente lo que hubiere menester para sí.

Mandamos que entre las demás buenas costumbres se observe la de no procurarse cada uno sus comodidades. Ninguno pues de los militares perpetuos busque para sí caballos y armas. ¿Cómo pues se ha de portar? Si sus achaques, o las pocas fuerzas del caballo, o el peso de las armas es de tal suerte que el ir con ellas sea de daño común, represéntelo al Maestre o al que ocupare su lugar, y propóngale con sencillez el inconveniente. Y quede a la disposición o voluntad del Maestre, y, después de él, al arbitrio del mayordomo, lo que hubiere de hacerse.

XXXVII. De los frenos y espuelas.

Mandamos que de ninguna suerte se lleve oro o plata (que es lo especialmente precioso) en los frenos, pectorales, espuelas y estribos; ni sea lícito a alguno de los militares profesos o perpetuos comprarlos. Pero si de limosna se les diere alguno de estos instrumentos viejos y usados, cubran la plata y oro de suerte que su lucimiento y riqueza a nadie parezca vanidad. Pero si los que se dieran son nuevos, el Maestre disponga de ellos a su arbitrio.

XXXVIII. Que las lanzas y escudos no tengan guarniciones.

No se pongan guarniciones en lanzas ni escudos, porque esto no sólo no es de utilidad alguna, antes se reconoce como cosa dañosa a todos.

XXXIX. De la potestad del Maestre.

Puede el Maestre dar caballos y armas y todo lo que quisiere y a quien gustare.

XL. De la cota y maletas.

A nadie se concede tener cota y maleta con propiedad. Ninguno pueda usar de ellas sin licencia del Maestre o del que tiene su lugar en los negocios de casa. En esta disposición no se incluyen los procuradores, y los que viven separados en varias tierras, ni los Maestres provinciales.

XLI. De las cartas.

Ninguno de los religiosos puede recibir cartas de su padre o de cualquiera otra persona, ni entre sí unos de otros, sin licencia del Maestre o del procurador. Después que tuviere licencia, lea la carta delante del Maestre si él quisiere. Si sus padres le enviaren algo, no se atreva a recibirlo sin consentimiento del Maestre. Esta regla no habla con el Maestre ni Procurador de la casa.

XLII. Acerca hablar de la vida pasada.

Si toda palabra ociosa ocasiona pecados, ¿qué podrán responder al Juez riguroso los que hacen gala de sus vicios? Muéstralo bien el profeta. Si algunas veces conviene omitir buenas pláticas por no faltar al silencio, ¿con cuanta más razón, temiendo el castigo del pecado, se han de huir conversaciones impertinentes? Vedamos pues, y con todo esfuerzo prohibimos, que alguno de los religiosos perpetuos se atreva a referir de sí o de otros los desconciertos de su vida seglar, ni las comunicaciones que tuvo con mujeres perdidas; y si alguno oyere a otros tales palabras, hágale callar, y cuanto antes pudiere sálgase de la conversación, y no dé oídos su alma al que pregona tal confesión.

XLIII. Del recibir y gastar.

Si a alguno de los religiosos se les diese sin buscarlo, o de balde, alguna cosa, llévela al Maestre o al despensero. Pero si su padre o algún amigo le diere algo, con tal condición que haya de servir a él sólo, de ningún modo lo reciba sin licencia del Maestre. Nadie sienta que dé a otro lo que a él le presentaren, pues tenga por cierto que si de eso se enoja ofende a Dios. No se contienen en esta regla a los oficiales, a quienes toca cuidar de esto, pero son comprendidos en lo de la cota de malla.

XLIV. De los frenos de los caballos.

A todos es útil este mandato establecido por nosotros para que de aquí adelante se guarde sin excusa. Y así ningún freile se atreva a tener ni hacer frenos de lana o lino para que sirvan a sus caballos. Las riendas podrán ser de estos materiales.

XLV. Que ninguno trueque o busque cosa alguna.

Queda dispuesto que ninguno sin licencia del Maestre pueda trocar cosa alguna con otro religioso, ni buscar o pedir sino cosa de poco precio y estimación.

XLVI. Que ninguno vaya a caza de cetrería.

Opinamos que ninguno debe ir a caza de cetrería, porque no está bien a un religioso vivir tan asido a los deleites mundanos sino oír la divina palabra, estar frecuentemente en oración, y en ella confesar a Dios, con gemidos y lágrimas, cada día sus pecados. Ninguno pues vaya con hombre que caza con halcones y otras aves de cetrería, por las causas que se han dicho.

XLVII. Que ninguno mate las fieras con ballesta o arco.

Conviene a todo religioso andar modestamente, con humildad, hablando poco y a su tiempo, y sin levantar mucho la voz. Especialmente mandamos que ningún religioso profeso intente en los bosques perseguir las fieras con ballesta o arco, ni vaya a este fin con quien cazare, sino para guardarle de los pérfidos gentiles; tampoco incite los perros, ni pique al caballo con intento de coger alguna fiera.

XLVIII. Que maten siempre a los leones.

Porque sin duda se os ha fiado con especialidad a vosotros, y vivís con obligación de arriesgar vuestra vida por la de los prójimos, y borrar del mundo los infieles que persiguen al Hijo de la Virgen, y del León leemos que busca a quien tragar, y que sus garras están siempre contra todos, es preciso que las de todos estén contra él.

XLIX. Que oigan la sentencia que contra ellos se profiriere en cualquier querella.

Sabemos que son innumerables los enemigos de la santa Fe, y que procuran embarazar con pleitos a los que más los huyen. El parecer del Concilio, en esta parte, es que si alguno, en las partes orientales o en otra cualquiera, pidiere contra vosotros alguna cosa, oigáis la sentencia que dieren los jueces correspondientes y amigos de la verdad, y mandamos que sin excusa cumpláis lo que justamente se dispusiere.

L. Que esta regla se observe en todo lo demás

En todas las demás cosas que injustamente os quitaren guardad siempre la regla que antecede.

LI. Que puedan todos los religiosos militares profesos tener tierras y vasallos.

Por divina Providencia, según creemos, se comenzó por vosotros este nuevo género de Religión en los Santos Lugares, para que juntaseis con ella la milicia, y para que la Religión estuviere defendida con las armas para hacer guerra justa al enemigo. Con razón pues juzgamos que si os llamáis soldados del templo tengáis y poseáis (por el insigne y especial mérito de santidad) casas, tierras, vasallos, obreros, y los gobernéis y cobréis de ellos el tributo instituido y señalado.

LII. Que se cuide mucho de los enfermos.

Sobre todo se ha de tener gran cuidado de los religiosos enfermos, y que se les sirva como a Cristo, teniendo muy en la memoria lo que dice en el Evangelio: *Estuve enfermo, y me visitasteis*. Los enfermos pues se han de sufrir con tolerancia y paciencia, porque sin duda con eso se merece abundante paga de Dios.

LIII. Que se asista a los enfermos con todo lo que hubieren menester.

Mandamos encarecidamente a los enfermeros que con toda atención den lo que fuere necesario para el servicio y curación de cualquier género de enfermedades, según la posibilidad de la casa; a saber, la carne, las aves, y lo demás que sea menester hasta que estén buenos.

LIV. Que ninguno enoje a otro.

Se ha de tener mucho cuidado en no dar uno ocasión de sentimiento a otro, porque la suma clemencia unió con vínculos de hermandad y amor igual a ricos y pobres.

LV. De qué suerte se han de recibir los casados que quisieren entrar en la hermandad.

Permitimos que recibáis en el número de los religiosos a los casados, pero con estas condiciones: que si desean ser participantes del beneficio de vuestra hermandad y comunicación, los dos ofrezcan, para después de su muerte, a la comunidad del capítulo parte de su hacienda y todo lo que adquirieren en este tiempo. Mientras vivan conserven honestidad de vida, y procuren el bien de sus hermanos; pero no lleven el vestido blanco. Si el marido muriere primero, deje su parte a los religiosos sus hermanos, y su mujer se sustente con la otra. Pero tenemos por inconveniente que estos hermanos casados vivan en una misma casa con los que tienen hecho voto de castidad.

LVI. Que fuera de éstas, no se admitan de aquí en adelante otras hermanas.

Peligroso es asociar con vosotros, fuera de las dichas, algunas hermanas, porque el enemigo maligno echó a muchos del camino derecho del Cielo por la conversación con mujeres. Y así, hermanos carísimos, para guardar en su flor la pureza, no se permita de aquí en adelante ese trato y comunicación.

LVII. Que los religiosos templarios no traten con descomulgados.

Temed mucho, hermanos, y prevenid que ninguno de los soldados de Cristo comunique con algún excomulgado en público ni en secreto, ni frecuente sus casas, porque no le comprenda la misma excomunión. Pero si sólo estuviere suspenso, bien podrá comunicar con él y favorecer sus negocios.

LVIII. Cómo se han de recibir los soldados seglares.

Si algún soldado de vida perdida y estragada, u otro cualquier seglar, quisiere renunciar al siglo y sus vanidades, y pidiere ser recibido en vuestra compañía, no se le conceda luego lo que pide, sino, según enseña San Pablo, examínese el espíritu si es de Dios, y de esta suerte sea recibido en la Orden. Léase la regla en su presencia, y si prometiere obedecer con cuidado lo prevenido en ella, (si al Maestre y a los religiosos les pareciera bien el recibirle) convocados y juntos los hermanos, descúbrales y exponga con intención pura su petición y deseo. Después, empero, esté al arbitrio del Maestre el tiempo que haya de permanecer para acabar de probar su vocación, que será con arreglo al género de vida del que solicita ser recibido.

LIX. Que no se llamen todos los religiosos para las juntas secretas.

Mandamos que no se convoquen todos los freiles a consulta, sino solamente a aquellos que al Maestre le parecieren de buen juicio y prudencia. Pero cuando se tratare de otras cosas mayores, como es dar una encomienda, discutir sobre las cosas de la Orden, o recibir algún religioso, entonces, si al Maestre le pareciere convenir, llame toda la congregación, y oído el parecer de todo el capítulo, sígase lo que juzgare mejor el Maestre.

LX. Que recen sin hacer ruido.

Mandamos de común parecer que recen conforme el fervor o devoción de cada uno, sentados o en pié, pero con suma reverencia, con modestia, y sin ruido para no estorbar a los otros.

LXI. Que se tome juramento a los que sirven.

Sabemos que muchos de diversas provincias, así escuderos como criados, desean con pura intención dedicarse por toda su vida al servicio de las almas en vuestras casas. Y así conviene que les toméis por juramento su fe y palabra, no sea que el enemigo ejercitado en hacernos guerra les persuada alguna cosa indigna del servicio de Dios, o los aparte arrebatadamente de su buen propósito.

LXII. Que los muchachos, mientras lo fueren, no se reciban entre los religiosos templarios.

Aunque la regla de los Santos padres permite recibir en los monasterios a los muchachos, no nos parece bien que vosotros os encarguéis de ellos. Pero si alguno quisiere dedicar algún hijo suyo o pariente a esta religión militar, críele hasta que tenga edad para echar esforzadamente, con las armas en la mano, de la Tierra Santa a los enemigos de Cristo. Después, conforme a la Regla, el padre o los parientes llévenle delante los religiosos, y representen a todos juntos su petición, porque mejor es no hacer en la edad primera los votos, que faltar a ellos después en edad madura.

LXIII. Que tengan siempre respeto a los ancianos.

Conviene respetar con piadosa atención a los ancianos, y sobrellevar la flaqueza de sus fuerzas, y no se les dé con cortedad lo que hubieren menester en cuanto lo permitiere la observancia de la regla.

LXIV. De los que andan por diversas provincias.

Los que fueren enviados a diversas provincias, guarden la Regla cuanto sea posible en la comida y bebida, y en todo lo demás, viviendo sin hacerse reprehensibles, para dar buen ejemplo a los seglares. No desdoren de palabra ni obra el instituto de la religión, pero principalmente procuren dar muestras de virtud y buenas obras a los que más de cerca trataren. La casa donde se hospedaren sea de buena y segura fama, y si pudiere ser no falte luz en su cuarto de noche, no sea que a oscuras, lo que Dios no quiera, algún enemigo, fiado en las tinieblas, le dé la muerte. Mandamos que vayan donde supieren que se juntan los militares no excomulgados, pretendiendo en esto no tanto el consuelo espiritual, cuanto la eterna salvación de sus almas. Constituidos pues así los hermanos, que dirigimos a las partes ultramarinas con esperanzas de aprovechamiento, tenemos por loable que a los que quisieren entrar en esta Orden militar, los reciban de esta manera. Júntense ambos delante del obispo de aquella provincia, y oiga el prelado los deseos del que pide entrar en la Orden. Oída pues la petición, el religioso le envíe al Maestre y a los freiles que viven en el Templo de Jerusalén, y si su vida es ajustada y merecedora de tal compañía, recíbanle con toda piedad, si así le pareciere al Maestre y religiosos. Si en este tiempo muriere, hágansele los sufragios como a hermano de esta Orden militar de Cristo, en recompensa de sus trabajos y fatigas.

LXV. Que el sustento se dé a todos con igualdad.

Conviene que a todos los religiosos se les dé el sustento necesario, según la posibilidad de la casa, y con igualdad, porque no parece bien la excepción de personas, bien que es muy necesaria la atención a los que padecen algunos achaques.

LXVI. Que los caballeros templarios posean diezmos.

Creemos que habiendo dejado las muchas riquezas que poseíais os sujetasteis a la pobreza voluntaria. Y así a vosotros, que vivís en comunidad, os concedemos que poseáis algunos diezmos de esta manera. Si el obispo quisiere daros algunos de su iglesia por amor de Dios, de consentimiento de todo el Capítulo se os debe dar a vosotros de aquellos diezmos que se sabe posee la iglesia. Pero si cualquier seglar os quisiere dar la décima parte de su hacienda, obligándola a tal cantidad, sólo con licencia del que presida y de su voluntad, y no a la del Capítulo, se debe distribuir.

LXVII. De los pecados mortales y veniales.

Si alguno en la conversación o en la campaña cayere en alguna falta leve, de su propia voluntad la descubra al Maestre para satisfacer por ella. Culpas ligeras, sino fueren muy frecuentes, castíguense con leve penitencia. Pero si, callando él su culpa, otro se la avisare al Maestre, castíguese con mayor y más rigurosa pena. Mas si la culpa fuere grave, sepárese de la Comunidad de los demás religiosos, no coma con ellos sino aparte, sujeto en todo a la disposición y arbitrio del Maestre para quedar libre y seguro en el día del juicio.

LXVIII. Por qué delito han de ser despedidos.

Se ha de prevenir primeramente que ninguno flaco, esforzado, poderoso o pobre, si pretendiere sobreponerse y aventajarse a los demás, quede sin castigo. Si no se corrigiere, désele mayor penitencia. Pero si con avisos suaves y amonestaciones no quisiere enmendarse, antes bien se desvaneciere más y más, ensoberbeciéndose, entonces échenle del piadoso rebaño de Cristo, siguiendo al Apóstol que dice: *Arrojad de vuestra compañía al malo*. Forzoso es arrojar la oveja pestilente de la comunidad de los fieles. El Maestre pues, que tiene el báculo y la vara en la mano (báculo para sustentar los flacos, vara para castigar con celo santo los delitos) no se resuelva a castigar sino con parecer del Patriarca, y habiéndolo encomendado a Dios, no sea, como dice el Máximo, que la demasiada blandura relaje el justo rigor, o la demasiada aspereza desespere los delincuentes.

LXIX. Que desde Pascua hasta todos Santos no vistan sino una camisa de lino.

Por atender al mucho calor que hace en esas partes orientales, dese desde Pascua de Resurrección hasta todos Santos una camisa de lino, y no más, no por obligación, sino por gracia o indulgencia a cada uno, o a aquel digo que quisiere usar de ella. Pero en lo demás del año todos vistan camisas de lana.

LXX De lo preciso para las camas.

De común parecer mandamos que si no es con grave ocasión duerma cada uno en cama aparte. Tenga cada uno su lecho decente, según la disposición del Maestre. Parécenos que basta a cada uno un colchón, almohada y manta. A quien le faltare alguna de estas tres cosas, désele un cobertor o cubrecama y en todo tiempo se le permite una sábana de lino. Ninguno duerma sin camisa ni calzoncillos. Nunca falte luz en el dormitorio de los hermanos.

LXXI. Del evitar la murmuración.

Mandamos que huyáis la emulación, envidias, y murmuraciones como de perniciosísima peste. Procure pues cada uno no culpar ni murmurar de su hermano en ausencia, conforme al consejo del Apóstol: *No seas acriminador ni murmurador en el pueblo.* Cuando supiere claramente que su hermano ha caído en alguna falta, repréndale a solas y con caridad fraterna y pacífica, para cumplir con lo que manda el Señor. Si no hiciere caso de él, llame a otro para el mismo efecto. Si despreciare el aviso de entrambos, avísele delante de toda la Comunidad, porque sin duda están muy ciegos los que murmuran de otro, y muy desgraciados los que son envidiosos y vienen a caer en los lazos de nuestro antiguo y engañoso enemigo.

LXXII. Que huyan los abrazos de cualquier mujer.

Peligroso es atender con cuidado el rostro de las mujeres; y así ninguno se atreva a dar ósculo a viuda ni doncella, ni a mujer alguna, aunque sea cercana en parentesco, madre, hermana, ni tía. Huya la caballería de Cristo los halagos de la mujer, que ponen al hombre en el último riesgo, para que con pura vida y segura conciencia llegue a gozar de Dios para siempre.

Amen.

Made in United States
Orlando, FL
26 August 2024